香港広東語会話

HONG KONG

【新装版】

千島英一
Eiichi Chishima

東方書店

まえがき

　中国は広い。北方と南方では習慣や食物の好みといった面までも相当な懸隔があることが知られている。言語も同様で，一口に中国語といってもかなり多様であり，北方の人と南方の人とでは全く話が通じないこともしばしばである。

　本書でいう広東語とは，そうした中国南方の代表的方言の一つである"廣州話"すなわち粤語広州方言を指す。粤とは広東の簡称であり，"廣州話"とは粤方言の中の標準語たるもので，当地の人々は"廣府話"とか"白話"ともよんでいる。使用人口約5,000万人。使用地域は中国の広東・広西両省及び香港・マカオに分布し，また遠くシンガポール・マレーシア等東南アジア諸国の華僑社会の有力言語でもあり，アメリカ，カナダ，オーストラリア等の華僑の圧倒的多数も広東語を母語とする人々である。

　このように広東語は漢語方言の一支といえどもなかなかの大言語なのである。また近年では，香港・広州等の地域は，中国の「開放体制」の進展にともない，「広東語経済圏」として新たな脚光を浴び，注目されている。

　最近ではわが国でも香港映画や香港観光を通じてか，広東語を学びたいからと言って大学の中国語学科に入学してくる学生も増えてきている。かかる状況は，これまで十数年，広

PREFACE

東語の教学と研究に取り組んできた筆者にとり,隔世の感がある。

本書はこうした初学者のために,広東語の会話表現の習得を目的とし編集したもので,実用を旨とし,日本人が香港に行って,ただちに必要とされる常用文型と語句をまとめたものである。さらに練習問題や関連用語も適宜付し,多彩な会話表現ができるよう配慮した。本書には,本文のカセットテープも用意されているので,学習者はテープについて発音練習するなり,聞き取り練習するなりいろいろと工夫して,会話や聞き取りの力を身につけていただきたい。

なお,本書を作成するにあたり,常に筆者に広東語の口語資料を提供してくださった,劉穎聰さんに多大なご助力を賜った。また,島尾伸三・潮田登久子両氏には貴重な写真を多数ご提供いただくことができた。識して感謝をささげたい。

最後に本書を刊行することを快くご理解いただいた東方書店,とくに直接編集を担当された加藤浩志氏に衷心よりお礼申し上げます。

1989年2月11日
著者しるす

もくじ

第一部　広東語の基礎知識　7

- PART 1　広東語のプロフィール　8
- PART 2　広東語の発音　12
- PART 3　広東語文法概説　25
- PART 4　声調と発音練習　32
- 【広東語で唐詩を読んでみよう】　42

第二部　広東語基本会話　45

- LESSON 1　數　目 [数]　46
- LESSON 2　早　晨 [おはようございます]　50
- LESSON 3　請坐啦 [おかけください]　54
- LESSON 4　你有冇書呀? [本を持っていますか？]　58
- LESSON 5　呢個係乜嘢? [これは何ですか？]　64
- LESSON 6　而家幾點鐘? [いま何時？]　68
- LESSON 7　你幾時出世㗎? [お生まれはいつですか？]　75
- 【疑問文のまとめ】　79
- LESSON 8　介　紹 [紹介]　83
- LESSON 9　你識唔識講廣東話呀? [広東語が話せますか]　90
- LESSON 10　換　錢 [両替]　95
- LESSON 11　飲　茶 [ヤムチャ]　102
- 【飲茶のすすめ】　109
- LESSON 12　買　嘢(1) [ショッピング(1)]　113
- LESSON 13　買　嘢(2) [ショッピング(2)]　118

CONTENTS

LESSON 14	打電話(1) [電話をかける(1)]	125
LESSON 15	打電話(2) [電話をかける(2)]	129
LESSON 16	傾生意(1) [商談(1)]	132
LESSON 17	傾生意(2) [商談(2)]	136
LESSON 18	流行性感冒 [インフルエンザ]	140

第三部　　香港旅行会話　　151

PROLOGUE	香　港 [香港]	152
SCENE 1	喺機上 [機内で]	156
SCENE 2	入境檢査 [入国審査]	160
SCENE 3	喺海關 [税関]	163
SCENE 4	喺機場 [空港]	166
SCENE 5	喺酒店 [ホテル]	169
SCENE 6	交　通 [交通]	174
SCENE 7	遊覽香港(1) [香港観光(1)]	184
SCENE 8	遊覽香港(2) [香港観光(2)]	187
SCENE 9	遊覽香港(3) [香港観光(3)]	191
SCENE 10	睇　戲 [映画を観る]	197
EPILOGUE	送　行 [見送り]	202

本文日本語訳例／206　　練習問題解答例／219

語彙一覧／225

写真＝島尾伸三＋潮田登久子

---- 凡　　例 ----

1. 本書の発音表記は，日本人学習者ができるだけスムーズに広東語の発音に親しむことができるよう，筆者の分析に従って修訂した発音表記システムを用いる。
2. 声調は6声調に統一し，よりはっきりさせるためアラビア数字を用いてこれを示した。
3. 長母音はāのごとく，ローマ字の上の横バーで示した。
4. 文字については現在，香港で通用している「繁体字」（旧字体）を使用した。
5. 辞書なしでも学習できるよう，すべての新出単語には発音と意味を記した。
6. 各課ごとに復習の為の練習問題を設けてあり，巻末にそれらの解答を付した。

■本書は『香港広東語会話』（1989年初版）を底本としている。新たに音声教材としてCD 2枚を付録とし，一部の課を削除し，巻末に「語彙一覧」を加えた。
■本文の左の数字はCDのトラックナンバーを示す。

第一部

広東語の基礎知識

PART 1 PROFILE

広東語のプロフィール

●中国語と広東語

　中国は日本の国土の約26倍,人口は10倍,広くて大きく歴史も古い。そこに居住している人もさまざまで,約55の民族からなっている多民族国家なのである。その中でも圧倒的多数を占めているのは漢民族で,総人口の94％に達している。その言語は,中国国内では漢民族の使用している言語ということからこれを"漢語"と言っている。同じ漢語のなかでもその方言間の差ははなはだしく,他の地方の人には全く通じないほどである。そこで標準語が制定され,漢民族の共通語と言うことから"普通話"と名づけられた。それは現代北京語の発音を標準音として,北方の言葉を基礎とし,現代口語文の語法によったものである。われわれが言う中国語とは,この"普通話"を指しているのである。

　一方,広東語はその漢語方言の一支であり,正確には粤(えつ)語,もしくは粤方言と呼ばれているもので,広州方言("広州話"とも"広府話"とも呼ばれている)を中心とする中国南方を代表する一大方言群なのである。当地の人々はこれを「白話(bāk^6 wa^2)」と呼んでいるが,われわれは習慣上これを広東語と呼んでいるのである。

●広東語の形成

　広東の簡称を粤(えつ)と言う。その理由は,広東は周末、秦、漢

といった時代には「百粤」の居住地であったからである。古代にあっては、粤は越とも書かれ、百粤は百越とも書かれた。いわゆる「百粤」とは一つの普通名詞として用いられていて、当時、中国南部に居住していた一切の少数民族を指していた。

史書の記載によれば、中原の漢族は周、秦の時代から避乱のため、陸続として広東に移住するようになった。広東語の形成は相当複雑であり、限られた紙数の中で述べることは難しいが、容易に想像できることは、大勢の漢人の広東への移住は、自然にまた中原の漢語と高い文化をも広東にもたらしたことであり、同時にまた当地に居住していた原住民（タイ系の人々であったといわれている）との不断の言語接触の結果、今日の広東語が形成されたのではないかということである。

● **地理的分布**

広東語は前述のごとく、広州をそのセンターとしていて、その分布地域は広東省にあっては珠江デルタの大部分の地区と西江一帯、及び台山、新会、開平、恩平、高州、雷州、欽州、廉州等の地区。広西ではおもに東南部において通用されている。さらに、香港、マカオの主要言語であり、海外にあってはシンガポール、インドネシア、マレーシア等南洋各地の粤僑（広東系華僑のこと）、アメリカ、カナダ、オーストラリア等の華僑社会でも広東語を母語とする人が多数である。そんなわけで各地のチャイナタウンで話されている中国語は、実際は、広東語であることがほとんどなのである。

● **標準広東語とその書記体系**

広東省の省都である広州はなんといっても広東の政治、経済、文化の中心である。それゆえ、そこで話されている言葉は伝統的に広東語の「標準」形とされている。「標準」という言葉が意味するものは、少なくとも「標準」広東語を学習したいと思っている外国人学習者にとっては、粤方言の代表的な口語形式のことである。ただし、それは

けっして公式に認められたものではない。なぜなら，中国語には「普通話」という中国語の標準語が公式に認められているからである。

　広東語はまた他のほとんどの中国語方言と同様に，書き言葉ではなく，話し言葉であることを銘記しておかねばならない。でもそれはけっして漢字で書き表すことができないということではない。むしろ広東語は独特な方言文字を創出し，方言文学や新聞などによりポピュラー化されているので，少数の例外をのぞき漢字で書き表すことができるのである。しかしそれが書き言葉の標準となったことはない。なぜならば教育を受けた人々は，文言文や白話文にもとづいた，一般に受け入れられている書き言葉の標準を用いているからである。

●文字について

　広東語を書き表すのに現在，中国では簡体字（1956年"漢字簡化方案"の公布によって施行された簡略化された文字）を使用しているが，香港，マカオ等では依然として繁体字（旧字体）を使用している。簡体字では漢を"汉"，書を"书"，節を"节"などのように字体もまったく異なるものも多い。したがって，本書では日本人学習者の利便を考慮し，香港で通用している繁体字を使用している。またよく"有音冇字"（音だけあって文字がない："冇"は広東語の方言文字で"無"を意味する）といわれるが，実際は前述のごとく独特な方言文字を創出し，その解消につとめている。それらの多くは，口偏をつけた形声字であり広東語の文字表記に役立っている。以下にいくつか例を上げてみよう。

啲	di^1	少し，または複数であることを示す
嚟	lai^4	来る
嘢	ye^5	物，品物
咁	gam^3	このような
嗰	go^2	それ
喼	gip^1	鞄

このように広東語方言文字の多くは，表意文字であるところの漢字の不足を補足すべく造字された表音文字であり，広東語圏の人々であれば理解できるが他の地域の人々にとっては理解しがたいものでもある。

●「広州話」と「香港広東語」

　「広州話」と「香港広東語」は各レベルにおいて基本的には一致しているが，香港の広東語は国際都市という特性もあってか，大量の外来語を吸収している。また広州方言では，「普通話」（漢民族の共通話）の普及につれ，「普通話」の語彙がそのまま語音だけを換えて使われるようになってきている。

PART 2　PRONUNCIATION

広東語の発音

●広東語の発音表記法について

　広東語の発音表記については，標準語（「普通話」）における「漢語拼音字母」のような公定の発音表記法はないが，従来より学習に便利なように様々なローマ字表記法が考案されてきた。なかでも有力なのが，Ball式、黄錫凌式、Yale式、Sidney Lau式などである。しかしながらいずれもかなり繁雑で，一長一短ありであった。本書では，日本人学習者ができるだけスムーズに広東語の発音に親しむことができるよう，筆者の分析に従って修訂したローマ字発音表記システムを用いる。本方式の特色として；

①　無気音（不送気音）は混乱を避けるために，p, t , k, kw, ts のかわりにそれぞれb, d, g, gw, zhを使用した。

②　有気音（送気音）のアポストロフィー（省略符号）をなくしたこと。つまりより簡単にするために，p', t', k', k'w, ts' のかわりにそれぞれp, t, k, kw, ch, を使用した。

③　長母音はāのごとくローマ字の上の横バーで示した。

④　声調は，よりはっきりさせるためアラビア数字を用いて，これを示した。

⑤　声調は6声調で統一した。

などをあげることができる。

●広東語の発音

　外国語を学ぶと言うことは，その言語の発音習慣を早く身につけることが捷径であると思う。そのためにはまず第一に，できるだけ正確に学ぶように努めてほしい。幸い広東語の発音には，標準語(普通話)の捲舌音(まき舌音)のような発音はないし，幾つかの点を注意しさえすれば，さほど難しいことではないと思われる。

　次に広東語の音のしくみについて述べてみよう。広東語も中国語の方言の1つであるから，当然原則として1つの漢字が1つの音節を表している。広東語の音節の構成は日本語より複雑で，1つの音節は「声母」＋「韻母」＋「声調」の3つの要素から構成されている。例えばchin[1]（千）を例にとると，ch—の部分が「声母」で，残りの—in の部分を「韻母」という。さらにinを細分することができ，iは「主母音」，nは「韻尾」という。これに一定の高さ変化の調子＝「声調」がかぶさって音節が構成される。以下に，「声母」→「韻母」→「声調」の順に説明することとする。

(1) 声母(initials)

表1　声母表

発音方式 発音部位	清塞音		清塞擦音		鼻音	辺音	清擦音	半母音
	不送気	送気	不送気	送気				
双唇音	b	p			m			
唇歯音							f	
舌尖音	d	t			n	l		
舌尖面混合音			zh	ch			s	
舌面前音								y
舌根音	g	k			ng			
円唇舌根音	gw	kw						w
喉音							h	

広東語の基礎知識

　広東語の声母は前頁の表１のごとく，全部で19種類である。以下に個別に説明することとする。なお［　］内で表記されているものは国際音声字母である。

① 唇を使って出す音 —— b-, p-, m-, f-

- b- ［p-］　：　上下の唇を閉じておいて，"パ"と発音するときに，唇を静かに離してじょじょに息を出せば，"無気音"の"ba"（パー）となる。母音の"-o"（オ）をつけると，"bo"（ポー）となる。

- p- ［p'-］　：　"b"と同様にして，息をため，急速に唇を離して，強く息を出せば"有気音"の"p-"となる。英語のparkのpの音に近いが，それよりやや強く気息音を出すようにする。

- m- ［m-］　：　"b-, p-"よりも上下の唇を更に強く閉じて"マー"と発音すると"ma"の発音となる。"-o"（オ）をつけると"mo"（モー）となる。

- f- ［f-］　：　上の歯で下の唇を軽く押さえるようにして母音の"-a"（ア）を加えると"fa"の発音になる。英語のfatherのfと同じ要領である。

② 舌の先を使って出す音 —— d-, t-, n-, l-

- d- ［t-］　：　舌先を上の歯茎の後につけて，静かに息を出せば"無気音"の"d-"の発音になる。

- t- ［t'-］　：　舌先にちょっと力をいれ，息をため，強く破裂させて発音すれば"有気音"の"t-"の発音になる。英語のteamのtの音に近いが，それよりやや強く気息音を出すようにする。

- n- ［n-］　：　舌先を歯茎にあて閉鎖をつくり，鼻にかけて発音すると"n-"の発音となる。日本語の"ナ"行の子音に近い。

- l- ［l-］　：　英語のlongのlの音を出すときと同じく，舌先を上

歯と歯茎の間に接触させる。日本語の"ラ"行の子音に近いが，それよりも舌先の接触点を前よりにする。

③ 舌端の摩擦によって出す音 —— zh-, ch-, s-

zh- [tʃ-] ： 舌尖面を下歯の内側におしつけ，気流は弱く発音すれば，"無気音"の"zh-"の発音となる。母音の"-i"をつければ，日本語の"チ"に近い。

ch- [tʃ'-] ： "zh-"と同じ調音点から，息をため強く破裂させて発音すれば，"有気音"の"ch-"の発音となる。英語のchurchのchの音を出すときと似ているが，それよりやや強く気息音を出すようにする。

s- [ʃ-] ： 日本語の"サ"行の子音に近く，英語のsandのsの音を出すときと同じ要領で発音する。

④ 舌の奥の部分を使って出す音 —— g-, k-, gw-, kw-, h-, ng-

g- [k-] ： "無気音"の"g-"は，舌根を軟口蓋につけて発音する。日本語の"カ"行の子音に近いが，それより少し喉の奥の方から発音する。

k- [k'-] ： "g-"と同じ調音点から，息をため強く破裂させて発音すれば，"有気音"の"k-"の発音となる。英語のkickのkの音を出すときに似ているが，それよりやや強く気息音を出すようにする。

gw- [kw-] ： "g-"の円唇化の音である。"gw-"及び次の"kw-"中の"w"は，その摩擦の程度はとても軽く，実際上，介音（わたり音）とすべきものであるが，音韻処理上簡便化を図るため，声母の中に組み入れたもの。

kw- [k'w-] ： "gw-"と同じ調音点から，息をため強く破裂させて発音すれば，"kw-"の発音となる。

h- [h-] ： 英語のhouseのhの音に近く，喉の奥で摩擦音を出す。日本語の"ハ"行の子音に近い。

ng- [ŋ-] ： "g-, k-"と同じ調音点から，口から気息音を出さず

鼻にかけて発音する。英語のsing<u>ing</u>とかdanc<u>ing</u>のng の音に近い。

⑤ 半母音化された子音 —— y-, w-,

y- [j-] ： 英語のyoungのyの発音に似ている。日本語の"ヤ"行の子音に近い。

w- [w-] ： 英語のwinのwの発音に似ている。日本語の"ワ"行の子音に近い。

発音上の留意点

① 有気音（送気音）と無気音（不送気音）

日本語に清音と濁音の対立があるように，広東語の閉鎖音（b-, p-, d-, t-, g-, k-, gw-, kw-）と閉鎖摩擦音（zh-, ch-）には有気音と無気音の対立がある。有気音とは，p-, t-, k-, kw-, ch- のような声母を発音する際，息をため急速に破裂させて発音するやり方である。これに対し，無気音は息をじょじょに出す発音方法で，b-, d-, g-, gw-, zh- のような声母がこれにあたる。

② n-とl-の混同

広東語のネイティブスピーカーの中には，声母のn-がl-に発音される傾向がある。例えば：

你 nei^5 （あなた） ⟶ lei^5

年 nin^4 （年） ⟶ lin^4

と発音する。また広東語の話者が日本語を話すときも，よくバナナをバララ，八人をハチリンと発音するように"ラ"行と"ナ"行が誤読される。

③ ng-の脱落

声母のng-が脱落して発音されず，母音から始まることがある。例えば，

外 ngoi^6 （外） ⟶ oi^6

屋 nguk^1 （屋） ⟶ uk^1

と発音される。

(2) 韻母 (finals)

表2　韻母表

長短＼韻母	長	短	長	短	長	短	長	短	長	短	長	短	長
単韻母	a		e		ö		o		i		u		ü
複韻母	āi āu	ai au			ei		oi öü	ou		iu	ui		
鼻韻母	ām ān āng	am an ang	eng		ön öng		on ong		im in ing		un ung		ün
塞韻母	āp āt āk	ap at ak	ek		öt ök		ot ok		ip it ik		ut uk		üt
鼻韻					m			ng					

　広東語の韻母は全部で53(声化韻母［自ら音節となる］m, ngを含む)ある。表2の韻母表から分かるように、7つの基本母音からなっている。母音はそれぞれ異なった口腔の形によってできる。口腔の形はまた口の開閉、舌頭の位置(前後,高低)、唇の形（円くするかしないか，横にひっぱるか）によってそれぞれ異なってくる。（図1参照）

図1　母音舌位図

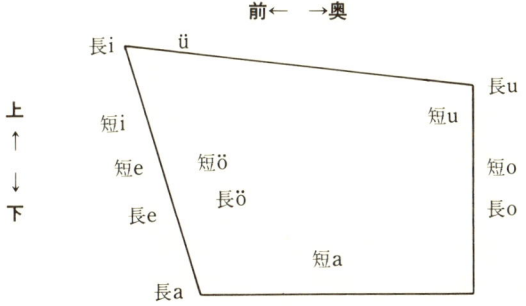

広東語の韻母の3大特徴として：
1. 母音に長母音と短母音の区別があること。
2. 韻尾が-p, -t, -kで収音する入声（clipped sound; 日本語の促音便に似たもの）があること。
3. 単韻母はすべて長母音となっている。

などが上げられよう。

〔 発 音 上 の 留 意 点 〕

① **基本母音の発音について**

a [a:] ： 日本語の"ア"よりすこし口を大きく開けて発音する。
e [ɛ:] ： 日本語の"エ"よりすこし唇を左右にひいて発音する。
ö [œ:] ： この音は日本語にはない音で、"e"の円唇化したもの。したがって調音点は"e"と同じで、唇をすこしすぼめ円めさせて"e"の発音をすればこの発音となる。
o [ɔ:] ： 日本語の"オ"より唇をすこし円くして発音する。
i [i:] ： 日本語の"イ"より唇をすこし左右にひっぱるようにして発音する。
u [u:] ： 日本語の"ウ"より一層唇を前につきだして発音する。
ü [y:] ： この母音も日本語にはない音で、"i"の円唇化したもの。"i"と同じ調音点から、唇をすぼめ円めさせて"i"の発音をすればこの発音となる。

② **母音の長短について**

表2を見ればわかるように広東語には、長母音と短母音の対立があるが、"a"を主母音とするグループ以外は対立せず、互いに補いあって分布している。したがって、"a"を主母音とするグループ以外は、長母音の記号"ˉ"を省略することができる。

③ **複韻母中の長短母音の音価について**

"a"を主母音とするグループ以外は、互いに補いあって分布しているが、当然長短それぞれの母音の音色は異なっている。長母音については基本母音の項で説明してあるのでそれを参照のこと。こ

こでは複韻母中の短母音についてその実際上の音価について説明することとする。

・短母音-a-の実際上の音価は［-ɐ-］で，英語のSunやFightの母音に近い発音である。

・短母音-e-の実際上の音価は［-e-］で，英語のcheckの母音に近い発音である。

・短母音-ö-の実際上の音価は［-ø-］で，英語のnationのonの発音に近い。

・短母音-o-の実際上の音価は［-o-］で，英語のgoの母音に近い発音である。

・短母音-i-の実際上の音価は［-I-］で，英語のsickの母音に近い発音である。

・短母音-u-の実際上の音価は［-U-］で，英語のbookの母音に近い発音である。

・なお-ü-を主母音とするグループには，短母音はない。

④ **鼻音韻尾-m, -n, -ngと塞音韻尾-p, -t, -kについて**

表2の韻母表を見てもわかるように，鼻音韻尾-m, -n, -ngと塞音韻尾（入声韻尾）-p, -t, -kは完全に相配していて，数も同じ17個ずつある。このことは，広東語が古代中国語の特徴をよく保存していることの例証のひとつでもある。

発音方法もまた，それぞれ息を鼻に通すか通さないかの違いだけである：

-p ：両唇を合わせて発音を止める無破裂音。　-m ：-pと同じ調音点から気息を鼻腔に通す。

-t ：舌端を歯茎にあてて止める無破裂音。　-n ：-tと同じ調音点から気息を鼻腔に通す。

-k ：舌根をもちあげ軟口蓋につけて止める無破裂音。　-ng ：-kと同じ調音点から気息を鼻腔に通す。

⑤ **-eng／-ekと-ing／ikの発音について**

両者の発音はよく似ていて混同されやすいが、-engの実際の音価は［ɛːŋ］、-ekのそれは［ɛːk］でともに長母音であることに注意。したがって、teng[1]（聽）やchek[3]（赤）を発音する場合、主母音"e"は日本語の"エ"を発音するときより、下あごをやや押し下げて長くのばして発音する。

-ingの実際の音価は［ɪŋ］、-ikのそれは［ɪk］である。したがって、ching[1]（清）やgik[6]（極）を発音する場合、主母音"i"は日本語の"イ"と"エ"の中間ぐらいの音になることに注意。

⑥ **声化韻母m, ngの音価について**

広東語の否定詞"唔"m[4]や数字の"五"ng[5]の発音の実際の音価は、自ら音節を構成し声化韻母となす［m̩］、［ŋ̍］である。

(3) 声調 (tone)

図2　広東語声調のまとめ

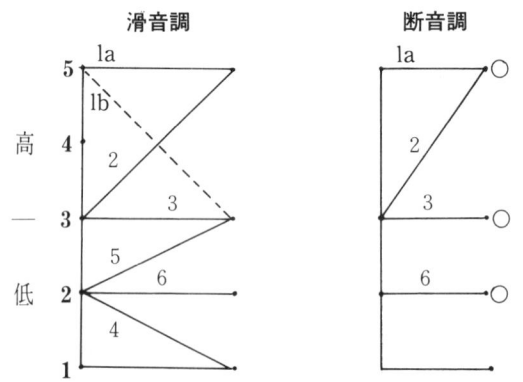

表3　声調名称と例字

調類	陰　平	陽平	陰上	陽上	陰去	陽去
調値	⌐55 ＼53	↓21	↗35	↗23	─33	─22
例字	詩・敷	時・扶	使・苦	市・婦	試・富	事・父

調類	陰入	中入	陽　入
調値	˥5	˧33	˨2 ˨22
例字	識・忽	泄・法	食・滑

広東語には図2で示したように6つの基本声調がある。表3のように中国声韻学の伝統的分類に従えば、平、上、去、入の4声調が、声母の清・濁を条件にそれぞれ陰陽の2類に分かれ、入声調は更に陰入が母音の長短を条件に2つに分かれることによって、全部で9種類の声調があるということになる。しかし実際には、入声調は音節（-p，-t，-kで収音する）が異なっているだけで、ピッチは相応の滑音調と同じである。すなわち、陰入は陰平と、中入は陰去と、陽入は陽去とそれぞれ同じ高さなのである。したがって、本書の表記法も；

種　類	調　値		表記例	字　例	
第一の声調 （陰平／陰入）	˥55・˥53	˥5	□1	今 谷	gam[1] guk[1]
第二の声調 （陰上）	˧35		□2	比	bei[2]
第三の声調 （陰去／中入）	˧33	˧33	□3	見 結	gin[3] git[3]
第四の声調 （陽平）	˨21		□4	田	tin[4]
第五の声調 （陽上）	˨23		□5	暖	nün[5]
第六の声調 （陽去／陽入）	˨22	˨2・˨22	□6	住 入	zhü[6] yap[6]

として6声調で統一してある。

広東語の基礎知識

[注意] ① **陰平調の分化について**

　第一声の陰平調には実際上，高平調 ˥55 と高降調 ˥53 の2つの調値があるが，どのような場合に高平調であるいは高降調で読むのかの決定的な規則性を求めるのは困難である。また，全て高平調で発音してもさしつかえはあまりないので，本書では第一声を高平調 ˥55 で統一することとする。

② **広東語の声調交替 ——"連読変調"と"変音"**

　声調の調値がある一定の条件の下で別の調値に交替する現象を「声調交替」という。広東語の声調交替には言語学的レベルを異にする2種類の現象がみとめられる。一種は単純に音声学レベルにおける声調交替であり，もう一種は形態音韻レベルにおける声調交替である。前者が普通"連読変調"（tone sandhi）とよばれるものであり，後者がいわゆる"変音"（morpho- phonemicalchange）とよばれるものである。"連読変調"が通常，語義的、文法的変化をひきおこさないのに対して，"変音"は声調交替を通じて，語義的、文法的変化をひきおこすものである。なお声調交替の規則例は図3のごとくである。

図3　広東語の声調交替規則

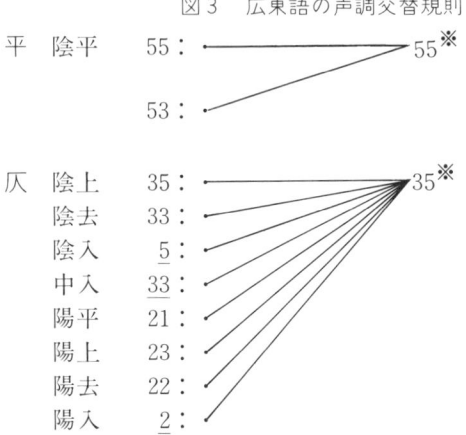

以下に声調交替の用例を示すが，"※"印は声調が交替したことを表示する。

- **"連読変調"**(語義的，文法的変化を引き起こさない) 例
  この種の声調交替はしばしば現れるが，規律を求めるのは困難である。たとえば，

前年	chin^4 nin^4	→	chin^4 nin^2※	一昨年
公園	gung^1 yün^4	→	gung^1 yün^2※	公園
中文	Zhung^1 man^4	→	Zhung^1 man^2※	中国語
楊桃	yöng^4 tou^4	→	yöng^4 tou^2※	楊桃
老母	lou^5 mou^5	→	lou^5 mou^2※	おふくろ
老陳	lou^5 Chan^4	→	lou^5 Chan^2※	陳さん
大概	dāi^6 koi^3	→	dāi^6 koi^2※	たぶん

  などであるが，総じて後の音節に現れる。

- **"変音"**(語義的，文法的変化を引き起す) 例
  この種の声調交替は，何らかの文法機能のまたは意味論的な変化をその本質とするものである。たとえば，

例字	不変	変
紅 hung^4	紅色 hung^4 sik^1	紅紅 hung^2※ hung^4
	（赤色）	（真っ赤）
		紅紅哋 hung^4 hung^2※ dei^2※
		（やや赤い）
白 bāk^6	白色 bāk^6 sik^1	白白 bāk^2※ bāk^6
	（白色）	（真っ白）
		白白哋 bāk^6 bāk^2※ dei^2※
		（やや白い）
人 yan^4	一個人 yat^1 go^3 yan^4	一個人 yat^1 go^3 yan^1※
	（人ひとり）	（わずかにひとり）
		嗰個人 go^2 go^3 yan^2※
		（あいつ）

広東語の基礎知識

食 sik⁶　　我食喇。Ngo⁵ sik⁶ la³.　　我食喇。Ngo⁵ sik²※ la³.
　　　　　　（私は食べます）　　　　（私は食べました）
去 höü³　　我去喇。Ngo⁵ höü³ la³.　　我去喇。Ngo⁵ höü²※ la³.
　　　　　　（私は行きます）　　　　（私は行きました）

など用例はたくさんある。

　さらに，豊富な外来借用語も機能・意味面での変化はともなわないが，同様の声調交替をしめすので，特殊なものとしてここにとりあげることとする。

原語	訳語		日本語
fare	飛	fei¹※	乗車券，切符
mile	咪	mai¹※	マイル
tire	呔	tai¹※	タイヤ
boss	波士	bo¹ si²※	ボス
taxi	的士	dik¹ si²※	タクシー

なお，本書では声調交替したものについてはそのまま記し，特別に声調交替の表示はしていない。

PART3 GRAMMAR

広東語文法概説

　本書のような会話書では，文法は実践的，帰納的に学んでこそ学習効果が期待される。すなわち，幾組かの抽象的な文法ルールをあらかじめ学んでおいて，それを実際に適用しようとするような方法は，会話能力習得の目的から見て必ずしも理想的なやり方ではない。しかしながら，文法に対するおおまかな理解を得ておくこともまた語学力の涵養にとって妨げにはならない。ここでは広東語の文や語の構造に関する一般的な説明をして，学習者の参考に供することとしたい。

1．単語と品詞

　広東語の文法単位には二種類ある。最も小さい単位は「字」(つまり形態素）と呼ばれるもので，一音節からなり，漢字一個に相当する。たとえば，

　　人　yan^4　人
　　好　hou^2　よい
　　有　yau^5　ある
　　金　gam^1　金
　　天　tin^1　空

広東語の基礎知識

「字」は更に小さな単位に分割することはできない。分割すればただの「音」になってしまうからだ。

しかし，独立して話すことができ，他の単位と自由に結合して用いることのできる単位があって，これを一般的には「詞」と呼んでいる。「詞」は必ずしも一音節とはかぎらない。二音節，三音節からなることも多い。たとえば，

 人　　　　yan^4　　　　人
 有　　　　yau^5　　　　ある
 今日　　　gam^1 yat^6　　今日
 知道　　　zhi^1 dou^6　　知る
 天氣　　　tin^1 hei^3　　天気
 電視機　　din^6 si^6 gei^1　テレビ

ある「字」が同時に「詞」でもあるとき，それは「自由である」といわれる。たとえば，

 好　hou^2　　　　よい
 嘢　ye^5　　　　もの

また，ある「字」が「詞」を構成するためにほかの「字」と結びつけられなければならないとき，それは「拘束されている」といわれる。たとえば，

 今 gam^1 ‖ 日 yat^6（「詞」今日 gam^{1}yat^6 を構成する）

「詞」は一般的には英語の word に相当すると考えて構わないが，必ずしも一致しないから注意を要する。たとえば，"好睇 hou^2 tai^2" はそれが実際使われる文によって，日本語なら"美しい"とか"みやすい"とか"見栄えがする"のように訳し分けられるはずである。

中国語には本来品詞というものはなく，単語は文の中のどこの位置に置かれるかによって異なる機能を果たすという考え方がある。これは，中国語の語は比較的広い範囲の品詞的機能をもっているということであって，どんな制限も存在しないということではない。たとえば，"酒 zhau^2"（酒）は進行を表す接尾辞"緊 gan^2"（…しているところ）

を後に取らないし、"梗 gang²"（たしかに）が名詞に先行されることはない。またたとえば、"瞓着 fan³ zhök⁶"（寝付く）が名詞に先行されることもない。その一方で"打 da²"（たたく）は主語に先行されるのが普通である。言い換えると、辞書の中に"酒 zhau²"は名詞、"梗 gang²"は副詞、"瞓着 fan³ zhök⁶"は自動詞、"打 da²"は他動詞などと記述されなければならないのである。普通はどのような語でも機能の範囲は限定されているのであるから、学習するときはこのような事実についても理解しておくべきであろう。

2．文法構造と語順

文法構造の主要なタイプは、同格構造、修飾被修飾構造、動詞目的語構造、助動詞動詞構造、動詞補語構造、主語述語構造である。これらの構造の中の要素はこの順に並んでおり、これによって広東語の語順の特色がだいたい理解できる。

(1) **同格構造**（二つ以上の成分が対等に並ぶ）

你我佢	nei⁵ ‖ ngo⁵ ‖ köü⁵	あなた，私，彼
日本中國	Yat⁶ bun² ‖ Zhung¹ gwok³	日本，中国
兩個同兩個	löng⁵ go³ ‖ tung⁴ löng⁵ go³	二つと二つ
三四個	sam¹ ‖ sei³ go³	三つ四つ

(2) **修飾被修飾構造**（修飾＋被修飾）

好朋友	hou² ‖ pang⁴ yau⁵	よき友人
幾好	gei² ‖ hou²	とてもよい
呢個嘢	ni¹ go³ ‖ ye⁵	このしなもの
一個人	yat¹ go³ ‖ yan⁴	ひとりのひと
我嘅仔	ngo⁵ ge³ ‖ zhai²	私の息子
好新嘅書	hou² san¹ ge³ ‖ sü¹	非常に新しい本

(3) **動詞目的語構造**（動詞＋目的語）

食飯	sik⁶ ‖ fan⁶	ご飯を食べる
飲酒	yam² ‖ zhau²	酒を飲む

(4) **助動詞動詞構造**(助動詞＋動詞)
　　要學　　　　yiu³ ‖ hok⁶　　　　　学びたい
　　會講廣東話　wui⁵ ‖ gong² Gwong² dung¹ wa²
　　　　　　　　　　　　　　　　　広東語を話すことができる
　　可以食烟　　ho² yi⁵ ‖ sik⁶ yin¹　タバコを吸ってもさしつかえない
(5) **動詞補語構造**(動詞＋補語)
　　寫好　　　　se² ‖ hou²　　　　　上手に書く
　　住喺香港　　zhü⁶ ‖ hai² Höng¹ gong²　香港に住む
　　搵得倒　　　wan² ‖ dak¹ dou²　　探しあてた
　　搵唔倒　　　wan² ‖ m⁴ dou²　　　探しあてられなかった
(6) **主語述語構造**(主題＋説明)
　　我嚟。　　　Ngo⁵ ‖ lai⁴.　　　　私は来る。
　　呢個大。　　Ni¹ go³ ‖ dai⁶.　　　これは大きい。

　このようないろいろな構造について，注意すべき点をいくつか挙げておこう。
① 同格構造では連結の言葉が使われないことがよくある。
② 修飾被修飾構造では修飾語がかならず被修飾語に先行する。
③ 動詞補語構造では，この補語は英語などでは副詞のように訳されることが多いが，広東語の場合には補語はこの位置におかれて，動詞自身は表示しない動作の結果とか出来事や行動の重要な特色を示す。しかし，その語句が出来事や行為の付帯的な状況とかあり方（時間と場所を含む）を表わすのなら，それは副詞的位置に置かれる。
④ 述語で重要なことは，性質を表わす言葉（形容詞）はそれ自体充分な述語性をもっているので，英語の to be のような動詞は必要ないということである。

3．否定と疑問
●否定形

(a) 単純な否定形は否定される語の前に"唔 m⁴"を置くことによって表わされる。たとえば，

 係   hai⁶   …です
 唔係   m⁴ hai⁶   …ではありません
 唔係唔去 m⁴ hai⁶ m⁴ höü³ 行かないのではない

(b) "有 yau⁵"の否定形は"唔有 m⁴ -yau⁵"から変わってきた"冇 mou⁵"を用いる。このほか，文語形式の"不 bat¹"と"無 mou⁴"が複合語の中で用いられることもある。

(c) 命令の否定は"咪 mai⁵"を用いる。

(d) 完了または過去を表す動詞語尾"咗 zho²"あるいは"過 gwo³"の否定はその動詞の前に"未 mei⁶"あるいは"冇 mou⁵"という形式を置いて，

 去咗 höü³ zho²   未去 mei⁶ höü³
  （行った）   （まだ行かない）
 去過 höü³ gwo³   冇去 mou⁵ höü³
  （行ったことがある）   （行ったことがない）

のようにする。接尾辞"過 gwo³"は"未 mei⁶"または"冇 mou⁵"を使うとき残して置いても差し支えないが，"咗 zho²"は否定形では必ず取り去る。

(e) 複合語，句，文の前では"唔 m⁴"ではなく，"唔係 m⁴ hai⁶"が用いられる。たとえば，

 我哋唔係香港人。Ngo⁵ dei⁶ m⁴ hai⁶ Höng¹ gong² yan⁴.
 （我々は香港の人ではありません）

●疑問文

広東語の疑問文は基本的には次の四つのタイプに分けられる。

(a) 疑問を表す語をともなう疑問文（疑問詞疑問文）
(b) 選択疑問文
(c) 重ね型疑問文（A—not—A型）
(d) 単純疑問文（Yes—or—No型）

(a) 疑問の言葉をともなう疑問文は，いちばん問うたり答えたりしやすいものである。その決まりは，答える形式と同じ形式で問うこと，である。たとえば，

呢個係乜嘢? Ni^1 go^3 hai^6 mat^1 ye^5? （これは何ですか？）
而家幾點鐘? Yi^4 ga^1 gei^2 dim^2 $zhung^1$? （今何時？）

(b) 選択を迫る疑問文は，その項目の間に"定 $ding^6$""定係 $ding^6$ hai^6""抑或 yik^1 wak^6"などを用いる。たとえば，

佢講嘅係眞定假㗎? $köu^5$ $gong^2$ ge^3 hai^6 $zhan^1$ $ding^6$ ga^2 ga^3?
（彼が言ったことは本当なのかそれとも嘘なのか？）
你中意打波抑或中意游水? Nei^5 $zhung^1$ yi^3 da^2 bo^1 yik^1 wak^6 $zhung^1$ yi^3 yau^4 $söu^2$? （君はボールゲームが好きかそれとも水泳が好きか？）

(c) 重ね型疑問文というのは，あるものごととその否定の間で選択を行なう一種の選択疑問文である。この場合，"定係"とか"抑或"のような語は使わない。たとえば，

你飲唔飲酒呀? Nei^5 yam^2 m^4 yam^2 $zhau^2$ a^3?
（あなたお酒をのみますか？）
你有冇去過香港? Nei^5 yau^5 mou^5 $höu^3$ gwo^3 $Höng^1$ $gong^2$?
（あなたは香港に行ったことがありますか？）

このような文は選択疑問文ではあるけれど，"係"とか"唔係"といった同意，不同意を表す言葉を使って答えることができないので，選択したほうが繰り返して，"我飲Ngo⁵ yam²"あるいは"唔飲M⁴ yam²"または "去過"あるいは"冇"とかで答えなければならない。もちろん"係"がたまたまその文の主要な動詞であった場合は"係"あるいは"唔係"となる。

動詞が"有"の時は，重ね型形式は"有冇"となる。なぜなら，"冇"は"mou(冇)＜m(唔)＋yau(有)"からきているからである。

(d) 単純疑問文は肯定文の文末に文末の助詞 "嗎 ma³"，"咩 me¹"，"呀 a⁴" などを付加した形式に現れる。たとえば，

① "嗎 ma³" 動詞を繰り返す重ね型疑問文の代わりに，これを文末につければ丁寧な疑問文となる。

你去嗎? Nei⁵ höü³ ma³? （あなたは行きますか？）

② "咩 me¹" 反語の疑問文をつくるときにはこれを用いる。

係咩? Hai⁶ me¹? （そうですか？）

③ "呀 a⁴" 相手の確認を求めたり，やや驚きを表す場合。

你唔去呀? Nei⁵ m⁴ höü³ a⁴? （あなたは行かないのだね？）

これらの疑問文に対する答えとしては，同意なら "係 hai⁶"，異議をとなえるなら "唔係 m⁴ hai⁶" を用いて答えればよい。

PART4 PRACTICE

声調と発音練習

A01 1. a^1 a^2 a^3 a^4 a^5 a^6

i^1 i^2 i^3 i^4 i^5 i^6

u^1 u^2 u^3 u^4 u^5 u^6

e^1 e^2 e^3 e^4 e^5 e^6

o^1 o^2 o^3 o^4 o^5 o^6

$ü^1$ $ü^2$ $ü^3$ $ü^4$ $ü^5$ $ü^6$

$ö^1$ $ö^2$ $ö^3$ $ö^4$ $ö^5$ $ö^6$

A02 2. wa^1 wa^2 wa^3 ma^4 ma^5 ma^6

yi^1 yi^2 yi^3 yi^4 yi^5 yi^6

gam^1 gam^2 gam^3 lam^4 lam^5 lam^6 gap^1 $gāp^3$ gap^6

ban^1 ban^2 ban^3 wan^4 wan^5 wan^6 bat^1 $bāt^3$ bat^6

$gong^1$ $gong^2$ $gong^3$ $wong^4$ $wong^5$ $wong^6$ $zhik^1$ $zhek^3$ $zhik^6$

ham^1 ham^2 ham^3 yam^4 yam^5 yam^6 hap^1 $hāp^3$ hap^6

sin^1 sin^2 sin^3 sin^4 sin^5 sin^6 bit^1 sit^3 yit^6

$söng^1$ $söng^2$ $söng^3$ $yöng^4$ $yöng^5$ $yöng^6$ yuk^1 $yök^3$ $yök^6$

3.

si¹	si²	si³	si⁴	si⁵	si⁶
司	史	試	時	市	事

fu¹	fu²	fu³	fu⁴	fu⁵	fu⁶
枯	府	富	符	婦	父

se¹	se²	se³	se⁴	se⁵	se⁶
些	捨	舍	蛇	社	射

yü¹	yü²	yü³	yü⁴	yü⁵	yü⁶
於	嫗	飫	如	雨	裕

him¹	him²	him³	yim⁴	yim⁵	yim⁶	gip¹	hip³	yip⁶
謙	險	欠	炎	染	驗	唸	怯	葉

fan¹	fan²	fan³	fan⁴	fan⁵	fan⁶	fat¹	fat³	fat⁶
分	粉	訓	焚	奮	份	忽	發	乏

fān¹	fān²	fān³	lān⁴	lān⁵	lān⁶	bāt¹	bāt³	nāt⁶
番	反	販	蘭	懶	爛	筆	八	捺

hung¹	hung²	hung³	lung⁴	lung⁵	lung⁶	luk¹	pok³	hok⁶
空	孔	控	龍	攏	弄	麓	撲	學

gong¹	gong²	gong³	wong⁴	wong⁵	wong⁶	guk¹	gwok³	ngok⁶
江	講	降	黃	往	旺	谷	國	樂

zhöng¹	zhöng²	zhöng³	yöng⁴	yöng⁵	yöng⁶	yuk¹	yök³	yök⁶
將	蔣	醬	羊	養	釀	郁	約	若

広東語の基礎知識

A04 4. (1) chön¹ tin¹ 春天 春
sin¹ sāng¹ 先生 …さん
ying¹ goi¹ 應該 当然…すべきだ
sing¹ yam¹ 聲音 声, 声音

(2) sām¹ dang² 三等 三等
höng¹ söü² 香水 香水
ching¹ cho² 清楚 はっきりしている
si¹ söng² 思想 思想

(3) fun¹ sung³ 歡送 歡送
tin¹ hei³ 天氣 天気
hung¹ hei³ 空氣 空気
teng¹ gin³ 聽見 聞こえる

(4) fān¹ lai⁴ 返嚟 帰る, 戻る
fun¹ ying⁴ 歡迎 歡迎
sai¹ yan⁴ 西人 西洋人
bong¹ mong⁴ 幫忙 手伝う, 助ける

(5) ging¹ lei⁵ 經理 マネージャー
zhan¹ lāng⁵ 眞冷 ほんとに寒い
bong¹ hā⁵ 幫吓 (ちょっと)手伝う
san¹ ye⁵ 新嘢 新しい品物

(6) söng¹ fau⁶ 商埠 商業港
yan¹ wai⁶ 因爲 …により, …であるから
zhan¹ hai⁶ 眞係 本当に
hei¹ mong⁶ 希望 希望

A05

(7) chan¹ chik¹ 親戚 親戚
bun¹ nguk¹ 搬屋 引っ越し
yau¹ sik¹ 休息 休息
san¹ sik¹ 新式 新式

(8) ying¹ gwok³ 英國 英国
zhü¹ hüt³ 豬血 豚の血に塩等を加え蒸して固まらせた食品。"豬紅 zhü¹hung⁴" とも言う。
zhung¹ gwok³ 中國 中国

(9) gam¹ yat⁶ 今日 今日
yam¹ ngok⁶ 音樂 音楽
yi¹ fuk⁶ 衣服 衣服

(10) tai² sü¹ 睇書 読書
fo² che¹ 火車 汽車
yam² tong¹ 飲湯 スープを飲む
hou² do¹ 好多 とても多い

(11) da² gwu² 打鼓 太鼓をたたく
fo² töü² 火腿 中国式ハム
dim² gāi² 點解 なぜ, どうして
zhi² yiu² 紙鳶 凧

(12) se² sön³ 寫信 手紙を書く
tai² hei³ 睇戲 映画を見る
go² go³ 嗰個 それ, あれ
gan² yiu³ 緊要 大切な, だいじな

広東語の基礎知識

A06

(13) fo² sün⁴ 火船 汽船
gei² si⁴ 幾時 いつ
zhü² yan⁴ 主人 主人
hau² choi⁴ 口才 弁舌の才

(14) zhou² mān⁵ 早晚 遅かれ早かれ
ho² yi⁵ 可以 できる
zhi² nöü⁵ 子女 子女
ching² cho⁵ 請坐 どうぞお座り下さい

(15) chāu² fān⁶ 炒飯 チャーハン
hou² noi⁶ 好耐 しばらく
biu² yin⁶ 表現 表現
zho² bin⁶ 左便 左側

(16) choi² sik¹ 彩色 カラー
hou² bik¹ 好逼 たいへん込みあっている

(17) sau² gök³ 手脚 手と足
hau² hot³ 口渇 喉が渇く

(18) gau² sap⁶ 九十 ９０
wun² dip⁶ 碗碟 椀と皿

(19) gāu³ sü¹ 教書 教える
gam³ do¹ 咁多 こんなに多い
fong³ sam¹ 放心 安心する
sön³ fung¹ 信封 封筒

A07 (20) bou³　zhi²　　報紙　新聞
　　　　dung³　söü²　　凍水　冷たい水
　　　　pa³　chau²　　怕醜　恥ずかしがる
　　　　gam³　zhi²　　禁止　禁止

(21) gwai³　sing³　　貴姓　お名前は？
　　　zhoi³　gin³　　再見　さようなら
　　　fong³　ga³　　放假　休暇
　　　gei³　sing³　　記性　記憶

(22) fo³　sün⁴　　貨船　貨物船
　　　fo³　tong⁴　　課堂　教室
　　　go³　yan⁴　　個人　個人
　　　kwan³　nān⁴　　困難　困難

(23) tiu³　mou⁵　　跳舞　ダンス
　　　zhing³　ng⁵　　正午　正午
　　　tām³　köü⁵　　探佢　彼を訪問する
　　　gāu³　yöng⁵　　教養　教養

(24) fāi³　mān⁶　　快慢　早いと遅い
　　　gwo³　dou⁶　　過度　過度
　　　gwu³　zhü⁶　　顧住　気にかける，顧みる
　　　sān³　bou⁶　　散步　散步

(25) lau⁴　sam¹　　留心　注意する
　　　m⁴　zhi¹　　唔知　知らない
　　　ping⁴　on¹　　平安　平安，安全
　　　nām⁴　ging¹　　南京　南京

広東語の基礎知識

A08

(26) fei⁴ zhai² 　肥仔　デブ
　　 yau⁴ söü² 　游水　水泳
　　 ping⁴ gwo² 　蘋果　リンゴ
　　 yan⁴ sau² 　人手　人手

(27) yin⁴ gau³ 　研究　研究
　　 kei⁴ gwāi³ 　奇怪　不思議な
　　 nang⁴ gau³ 　能夠　…し得る，できる
　　 ming⁴ sing³ 　名勝　名勝

(28) yün⁴ loi⁴ 　原來　原来
　　 yün⁴ chün⁴ 　完全　完全
　　 ma⁴ fān⁴ 　麻煩　煩わしい
　　 ngan⁴ hong⁴ 　銀行　銀行

(29) pang⁴ yau⁵ 　朋友　友達
　　 hang⁴ lei⁵ 　行李　(旅の)荷物
　　 sing⁴ mān⁵ 　成晚　一晩中
　　 yün⁴ lei⁵ 　原理　原理

(30) yan⁴ dei⁶ 　人哋　人々
　　 hāng⁴ lou⁶ 　行路　歩行，道を歩く
　　 lau⁴ söng⁶ 　樓上　二階，階上
　　 yung⁴ yi⁶ 　容易　容易

(31) yi⁵ ging¹ 　已經　すでに
　　 löng⁵ chin¹ 　兩千　2,000
　　 mou⁵ chan¹ 　母親　母親
　　 mei⁵ sam¹ 　美心　マキシム(香港のレストランの名前)

A09

(32) yi⁵ zhai² 耳仔 耳
nöü⁵ zhai² 女仔 女の子
lou⁵ sü² 老鼠 ネズミ
ting⁵ zhai² 艇仔 小船, サンパン

(33) tou⁵ tung³ 肚痛 腹痛
ngān⁵ fan³ 眼瞓 ねむい
min⁵ söü³ 免税 免税
lai⁵ bāi³ 禮拜 週, 曜日

(34) söng⁵ tong⁴ 上堂 授業に出る, 学校に行く
nöü⁵ yan⁴ 女人 女性
ma⁵ tau⁴ 碼頭 波止場
yau⁵ yi⁴ 友誼 友情

(35) lou⁵ yau⁵ 老友 仲の良い友達, 古い友人
fu⁵ nöü⁵ 婦女 婦女
wing⁵ yün⁵ 永遠 永遠
min⁵ köng⁵ 勉強 無理に

(36) yi⁵ hau⁶ 以後 以後
mun⁵ zho⁶ 滿座 満員
mei⁵ lai⁶ 美麗 美しい
lai⁵ māu⁶ 禮貌 礼儀

(37) dei⁶ fong¹ 地方 地方
fu⁶ chan¹ 父親 父親
dāi⁶ sing¹ 大聲 大声
wai⁶ sāng¹ 衞生 衛生

広東語の基礎知識

A10

(38) min⁶ zhi² 　面子　面子
　　 hāu⁶ zhöng² 　校長　校長
　　 zhong⁶ bān² 　撞板　事故，失敗する，不運な
　　 min⁶ hau² 　面口　顔，顔色

(39) dai⁶ sei³ 　第四　第四
　　 yün⁶ yi³ 　願意　願う
　　 wu⁶ zhiu³ 　護照　パスポート
　　 si⁶ gon³ 　事幹　仕事，職務

(40) man⁶ tai⁴ 　問題　問題
　　 zhi⁶ yin⁴ 　自然　自然
　　 zhi⁶ yau⁴ 　自由　自由
　　 gau⁶ si⁴ 　舊時　昔，旧時

(41) dei⁶ lei⁵ 　地理　地理
　　 wui⁶ yi⁵ 　會議　会議
　　 fu⁶ mou⁵ 　父母　父母
　　 ha⁶ ng⁵ 　下午　下午

(42) dān⁶ hai⁶ 　但係　しかし
　　 söng⁶ bin⁶ 　上便　上，上方
　　 zhi⁶ dung⁶ 　自動　自動
　　 yü⁶ bei⁶ 　預備　予備，準備

(43) zhik¹ hak¹ 　即刻　すぐに
　　 dak¹ gwok³ 　德國　ドイツ
　　 chöt¹ lik⁶ 　出力　尽力する

A11

(44) gwok³ ga¹　　國家　　国家
　　 fāt³　gwok³　法國　　フランス
　　 zhök³ mat⁶　　着襪　　靴下をはく

(45) bāk⁶ sik¹　　白色　　白色
　　 zhik⁶ zhip³　　直接　　直接
　　 sik⁶　yök⁶　　食藥　　薬を飲む

(46) sing¹ dou² yat⁶ bou³　　星島日報　　星島新聞
　　 höng¹ gong² gök³　　　　香港脚　　　みずむし
　　 gung¹ hei² fat³ choi⁴　　恭喜發財　　新年おめでとう
　　 yöng⁴ lau⁵ sü⁶　　　　　楊柳樹　　　柳
　　 mei⁵ lai⁶ wa⁴　　　　　 美麗華　　　ミラマーホテル
　　 fat⁶ yau⁵ yün⁴　　　　　佛有緣　　　仏縁
　　 hing¹ gei¹ gwān¹ chöng¹　輕機關槍　　軽機関銃
　　 sai³ gāi³ koi³ fong³　　 世界概況　　世界概況
　　 hang⁶ wan⁶ yung⁴ wu⁶　　幸運用戶　　幸運な客
　　 mou⁴ kei⁴ tou⁴ ying⁴　　無期徒刑　　無期懲役

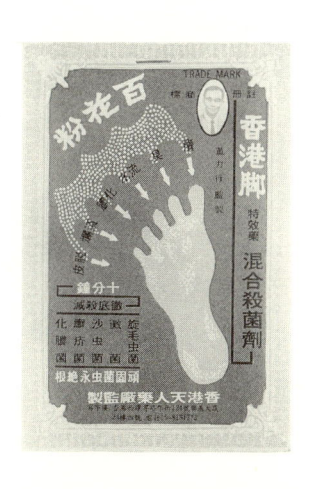

●広東語で唐詩を読んでみよう

　中国語の歴史は古い。書かれた文字は同じでも字音の変化は非常に大きい。唐詩も「普通話」（現代中国語の標準語）で読んでは押韻しない例はたくさんあるが，中古漢語（隋，唐時代の中国語）の字音の特徴をよく保っている広東語で読むとピタリ一致する。さあ，発音練習をかねて広東語で唐詩を読んでみよう。もしただ読むだけではつまらないと感じたなら，あなたの知っているメロディにあわせて歌えばよろしい。たとえば，ここにあげた張継の「楓橋夜泊」でしたら，「竹田の小守唄」のメロディにあわせて唄ってみてはいかがでしょうか。

$Chön^1\ hiu^2$
春　曉

$M\bar{a}ng^6\ hou^6\ yin^4$
孟　浩　然

$Chön^1\ min^4\ bat^1\ gok^3\ hiu^2$
春　眠　不　覺　曉

$Ch\ddot{u}^3\ ch\ddot{u}^3\ man^4\ tai^4\ niu^5$
處　處　聞　啼　鳥

$Ye^6\ loi^4\ fung^1\ y\ddot{u}^5\ sing^1$
夜　來　風　雨　聲

$Fa^1\ lok^6\ zhi^1\ do^1\ siu^2$
花　落　知　多　少

Chön¹ mong⁶
春　望

Dou⁶ fu²
杜　甫

Gwok³ po³ sān¹ ho⁴ zhoi⁶
國 破 山 河 在

Sing⁴ chön¹ chou² muk⁶ sam¹
城 春 草 木 深

Gam² si⁴ fa¹ zhin³ löü⁶
感 時 花 濺 淚

Han⁶ bit⁶ niu⁵ ging¹ sam¹
恨 別 鳥 驚 心

Fung¹ fo² lin⁴ sām¹ yüt⁶
烽 火 連 三 月

Ga¹ sü¹ dai² mān⁶ gam¹
家 書 抵 萬 金

Bāk⁶ tau⁴ sou¹ gang³ dün²
白 頭 搔 更 短

Wan⁶ yuk⁶ bat¹ sing¹ zhām¹
渾 欲 不 勝 簪

Fung¹ kiu⁴ ye⁶ bok⁶
楓 橋 夜 泊

Zhöng¹ gai³
張 繼

Yüt⁶ lok⁶ wu¹ tai⁴ söng¹ mun⁵ tin¹
月 落 烏 啼 霜 滿 天

Gong¹ fung¹ yü⁴ fo² döü³ sau⁴ min⁴
江 楓 漁 火 對 愁 眠

Gu¹ sou¹ sing⁴ ngoi⁶ hon⁴ sān¹ zhi⁶
姑 蘇 城 外 寒 山 寺

Ye⁶ bun³ zhung¹ sing¹ dou³ hāk³ sün⁴
夜 半 鐘 聲 到 客 船

第二部

広東語
基本会話

LESSON 1

数

Sou³ muk⁶
数　目

[A13]
一	yat¹	十一	sap⁶ yat¹
二	yi⁶	十二	sap⁶ yi⁶
三	sām¹	十三	sap⁶ sām¹
四	sei³	十四	sap⁶ sei³
五	ng⁵	十五	sap⁶ ng⁵
六	luk⁶	十六	sap⁶ luk⁶
七	chat¹	十七	sap⁶ chat¹
八	bāt³	十八	sap⁶ bāt³
九	gau²	十九	sap⁶ gau²
十	sap⁶	二十	yi⁶ sap⁶ （廿　ya⁶）

[A14]
21	yi⁶ sap⁶ yat¹	（廿一	ya⁶ yat¹）
22	yi⁶ sap⁶ yi⁶	（廿二	ya⁶ yi⁶）
23	yi⁶ sap⁶ sām¹	（廿三	ya⁶ sām¹）
24	yi⁶ sap⁶ sei³	（廿四	ya⁶ sei³）
25	yi⁶ sap⁶ ng⁵	（廿五	ya⁶ ng⁵）
26	yi⁶ sap⁶ luk⁶	（廿六	ya⁶ luk⁶）
27	yi⁶ sap⁶ chat¹	（廿七	ya⁶ chat¹）
28	yi⁶ sap⁶ bāt³	（廿八	ya⁶ bāt³）
29	yi⁶ sap⁶ gau²	（廿九	ya⁶ gau²）
30	sām¹ sap⁶	（卅	sa¹）

A15

31	sām^{1} sap^{6} yat^{1}	100	yat^{1} bāk^{3}
32	sām^{1} sap^{6} yi^{6}	101	yat^{1} bāk^{3} ling^{4} yat^{1}
33	sām^{1} sap^{6} sām^{1}	110	bāk^{3} yat^{1} (yat^{1} bāk^{3} yat^{1} sap^{6})
34	sām^{1} sap^{6} sei^{3}	111	yat^{1} bāk^{3} yat^{1} sap^{6} yat^{1}
35	sām^{1} sap^{6} ng^{5}	150	bāk^{3} ng^{5} (yat^{1} bāk^{3} ng^{5} sap^{6})
40	sei^{3} sap^{6}	200	yi^{6} bāk^{3}
50	ng^{5} sap^{6}	300	sām^{1} bāk^{3}
60	luk^{6} sap^{6}	1,000	yat^{1} chin^{1}
70	chat^{1} sap^{6}		
80	bāt^{3} sap^{6}		
90	gau^{2} sap^{6}		

A16

1,010	yat^{1} chin^{1} ling^{4} yat^{1} sap^{6}
1,200	chin^{1} yi^{6} (yat^{1} chin^{1} yi^{6} bāk^{3})
10,000	yat^{1} mān^{6}
10,003	yat^{1} mān^{6} ling^{4} sām^{1}
10,010	yat^{1} mān^{6} ling^{4} yat^{1} sap^{6}
10,100	yat^{1} mān^{6} ling^{4} yat^{1} bāk^{3}
100,000	sap^{6} mān^{6}
1,000,000	yat^{1} bāk^{3} mān^{6} (bāk^{3} mān^{6})
10,000,000	yat^{1} chin^{1} mān^{6}
100,000,000	yat^{1} mān^{6} mān^{6} (yat^{1} yik^{1})

広東語基本会話

> 文法ノート

1. 31～39まで，30のかわりに"卅呀 sa¹a⁶"という言い方もある。したがって，34は"卅呀四 sa¹a⁶sei³"となる。30については，量詞のつく場合のみ"卅呀個 sa¹a⁶go³"と言うことができる。

   また40～99までも同様に"十"を"呀 a⁶"に置き換えることができる。例えば55は"五呀五 ng⁵a⁶ng⁵"となる。但し40，50，60，70，80，90のみ量詞のつかない場合には"十"の単位を"呀"に置き換えることはできない。また"十"の単位のかわりに"呀"を用いるときは，"呀"は必ず"a⁶"と陽去で読むことに注意すること。

2. 3桁以上の数の場合，前の桁が0でなければ，次の数を省略して言うことができる。例えば；

   250→ yi⁶bāk³ng⁵

●指を使った数字の数え方

一　　二　　三　　四　　五

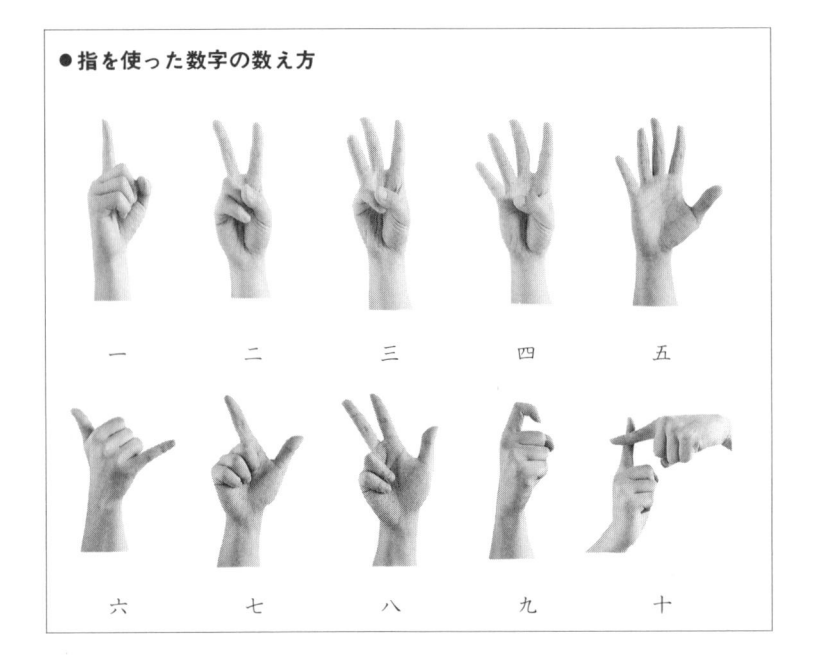

六　　七　　八　　九　　十

A17 **MEMO** ……………………………………いろいろな数の言い方

  0.5（零點五） $ling^4 dim^2 ng^5$

  0.04（零點零四） $ling^4 dim^2 ling^4 sei^3$

  第一 $dai^6 yat^1$
  第二 $dai^6 yi^6$

  80％ （百分之八十） $bāk^3 fan^6 zhi^1 bāt^3 sap^6$
  三分の一（三分之一） $sām^1 fan^6 zhi^1 yat^1$
  6：3 （六比三） $luk^6 bei^2 sām^1$

練 習 問 題

1．次の発音記号で書かれた数字をアラビア数字に直しなさい。

 1) yat^1 $sām^1$ ng^5 $chat^1$ gau^2
    yi^6 sei^3 luk^6 $bāt^3$ sap^6

 2) $sap^6 ng^5$ $sap^6 gau^2$ $sei^3 sap^6 yi^6$ $luk^6 sap^6$
    $yat^1 chin^1$ $sap^6 chat^1$ $bāk^3 ng^5$ $ya^6 luk^6$

2．次の広東語をアラビア数字に直しなさい。

 1）廿七
 2）卅呀八
 3）五呀五
 4）百分之九十
 5）零點二

LESSON 2

おはようございます

Zhou² san⁴
早　晨

A18 A: Zhou² san⁴, Lam⁴ siu² zhe².
　　　早　晨，林　小　姐。

B: Zhou² san⁴, Ga¹ tang⁴ sin¹ sāng¹. Nei⁵ hou² ma³?
　　早　晨，加　藤　先　生。你　好　嗎?

A: Gei² hou², nei⁵ yau⁵ sam¹. Nei⁵ ne¹?
　　幾　好，你　有　心。你　呢?

B: Ngo⁵ dou¹ gei² hou², nei⁵ yau⁵ sam¹.
　　我　都　幾　好，你　有　心。

A: Lam⁴ (sin¹) sāng¹, Lam⁴ (tāi³) tāi² hou² ma³?
　　林　(先) 生，林　(太) 太　好　嗎?

B: Köü⁵ dei⁶ dou¹ gei² hou², nei⁵ yau⁵ sam¹.
　　佢　哋　都　幾　好，你　有　心。

A: Zhoi³ gin³, Lam⁴ siu² zhe².
　　再　見，林　小　姐。

B: Zhoi³ gin³, Ga¹ tang⁴ sin¹ sāng¹.
　　再　見，加　藤　先　生。

A19 ■NOTE■

早晨	zhou² san⁴	おはよう
林	Lam⁴	(姓)林
小姐	siu² zhe²	(未婚の女性に対する呼び方)～さん，おじょうさん
加藤	Ga¹ tang⁴	(姓)加藤

LESSON 2

先生	sin¹ sāng¹	（成人男性に対する呼び方）～さん；主人，夫
你	nei⁵	（二人称代詞）あなた
好	hou²	よい，元気である
嗎	ma³	（疑問の語気詞）～ですか
幾	gei²	とても，かなり
有心	yau⁵ sam¹	（あいての気づかいに対する感謝の言葉）気に掛けてくれてありがとう，おかげさまで
呢	ne¹	（省略型疑問文の語気詞）～は？
我	ngo⁵	（一人称代詞）わたし
都	dou¹	～も，～もまた
太太	tāi³ tāi²	（既婚の女性に対する呼び方）～さん；奥様
佢哋	köü⁵ dei⁶	彼ら（"佢"は三人称，"哋"は複数を示す。）
再見	zhoi³ gin³	さようなら

MEMO ·············· 挨拶用語あれこれ

　香港では，学校や会社での朝の挨拶は，"早晨zhou² san⁴"と言うのが一般的である。もし午前中，街で知り合いに出会ったときなどは，"おはようございます"のかわりに"飲咗茶未呀? Yam² zho² cha⁴ mei⁶ a³?"（"ヤムチャ"はもうすみましたか）と声をかけられる。そんなときの答え方は，"ヤムチャ"がすんでいてもいなくても，まず"唔該先。m⁴ goi¹ sin¹."（ありがとう）または"飲咗咯，唔該先。Yam² zho² lok³, m⁴ goi¹ sin¹."（ありがとう，もうすみました）と答えるのが一般的。正午から夕方の間にかけてもやはり"こんにちは"のかわりに"食飯未呀? Sik⁶ fān⁶ mei⁶ a³?"（食事はすみましたか）とか"食咗飯未呀? Sik⁶ zho² fān⁶ mei⁶ a³?"（食事はすみましたか）と声をかけられる。その答え方としては，"唔該先。"とか"食咗咯，唔該先。"あるいは"重未呀。Zhung⁶ mei⁶ a³."（まだです）とか"就嚟咯。Zhau⁶ lai⁴ lok³."（これからね）などと答えるのが一般的である。

広東語基本会話

> 文法ノート

1. 広東語の基本構文はS（主語）＋V（動詞）＋O（目的語）である。したがって，日本語と異なる語順に注意すること。

2. 人称代詞のまとめ

	単　　　数	複　　　数
第１人称	我　ngo^5 （わたし）	我哋　ngo^5 dei^6 （わたしたち）
第２人称	你　nei^5 （あなた）	你哋　nei^5 dei^6 （あなたがた）
第３人称	佢　köü^5 （彼）	佢哋　köü^5 dei^6 （彼ら）
人称疑問詞	誰　söü^4，邊個　bin^1 go^3，邊位　bin^1 wai^2 （だれ）	

A20【単語をふやそう】

各位早晨	gok^3 wai^2 zhou^2 san^4	みなさんおはよう．
拜拜	bāi^1 bāi^3	さようなら．（英語のgood byeの音訳）
早抖	zhou^2 tau^2	おやすみなさい．
聽日見	ting^1 yat^6 gin^3	あしたまた．
等陣見	dang^2 zhan^6 gin^3	あとでまた．

A21 MEMO··中国人の姓

李	Lei^5	黃	Wong^4
王	Wong^4	毛	Mou^4
張	Zhöng^1	胡	Wu^4
陳	Chan^4	楊	Yöng^4

LESSON 2

練習問題

1．下線部を置き換えて練習しなさい。
　1) 早晨, <u>林小姐</u>。　　陳先生　　Chan⁴ sin¹ sāng¹
　　　　　　　　　　　　王太太　　Wong⁴ tāi³ tāi²
　　　　　　　　　　　　加藤小姐　Ga¹ tang⁴ siu² zhe²

2．次の発音記号を声に出して読み，漢字に直しなさい。
　1) zhou² san⁴
　2) Nei⁵ hou² ma³ ?
　3) sin¹ sāng¹
　4) siu² zhe²
　5) yau⁵ sam¹
　6) zhoi³ gin³

3．次の日本語を広東語に訳しなさい。
　1) おはようございます。
　2) さようなら。
　3) おやすみなさい。
　4) 彼ら。
　5) 私も元気です。

LESSON 3

おかけください

Ching² cho⁵ la¹.
請　坐　啦。

A22 A: Ching² yap⁶ lai⁴ la¹.
　　　請　入　嚟　啦。

B: M⁴ goi¹.
　　唔　該。

A: Ching² cho⁵ la¹.
　　請　坐　啦。

B: M⁴ goi¹.
　　唔　該。

A: M⁴ sai² m⁴ goi¹. Gwai³ sing³ a³?
　　唔　使　唔　該。　貴　姓　呀？

B: Ngo⁵ sing³ Ga¹ tang⁴. Ching² do¹ do¹ zhi² gāu³.
　　我　姓　加　藤。　請　多　多　指　教。

A: M⁴ sai² hāk³ hei³! Ching² yam² cha⁴ la¹.
　　唔　使　客　氣！　請　飲　茶　啦。

B: Do¹ zhe⁶. Ching² nei⁵ m⁴ sai² hāk³ hei³.
　　多　謝。　請　你　唔　使　客　氣。

A: M⁴ sai² do¹ zhe⁶.
　　唔　使　多　謝。

54

LESSON 3

A23 ■NOTE■

請	ching²	どうぞ~して下さい
入	yap⁶	入る
嚟	lai⁴	来る
啦	la¹	(軽い命令の語気詞)~なさい
唔該	m⁴ goi¹	(サービスなどを受けたときの感謝の言葉)ありがとう, すみません
坐	cho⁵	座る

＜請坐　ching² cho⁵＞どうぞおかけください

唔使	m⁴ sai²	~するに及ばない
貴姓	gwai³ sing³	あなたの姓は？(相手の姓を問う場合)
呀	a³	(疑問, 一般肯定, 断定, 同意等の語気詞)~か, ~ね, ~よ
多	do¹	多い
指教	zhi² gāu³	指導

＜請多多指教　ching² do¹ do¹ zhi² gāu³＞どうぞよろしくお願いします

| 客氣 | hāk³ hei³ | 遠慮深い, 丁寧な |

＜唔使客氣　m⁴ sai² hāk³ hei³＞ご遠慮なく

飲	yam²	飲む
茶	cha⁴	茶
多謝	do¹ zhe⁶	ありがとう

広東語基本会話

A24【単語をふやそう】

咖啡	ga³ fe¹	コーヒー
檸檬茶	ning⁴ mung¹ cha⁴	レモンティー
奶茶	nāi⁵ cha⁴	ミルクティー
可口可樂	ho² hau² ho² lok⁶	コカコーラ
果汁	gwo² zhap¹	ジュース
橙汁	chāng² zhap¹	オレンジジュース
七喜	chat¹ hei²	セブンアップ
梳打水	so¹ da² söü²	ソーダ水
哈咕	guk¹ gwu²	ココア
牛奶	ngau⁴ nāi⁵	ミルク
幸會	hang⁶ wui⁶	お目にかかれてうれしい
小姓	siu² sing³	私の姓は（自分の姓を答えるとき）

LESSON 3

練 習 問 題

1．下線部を置き換えて練習しなさい。

1) 請飲<u>茶</u>啦。　　　咖啡　　　ga³ fe¹
　　　　　　　　　　果汁　　　gwo² zhap¹
　　　　　　　　　　可口可樂　ho² hau² ho² lok⁶

2) 我姓<u>加藤</u>。　　 田中　　　Tin⁴ zhung¹
　　　　　　　　　　山口　　　Sān¹ hau²
　　　　　　　　　　青木　　　Ching¹ muk⁶

2．次の日本語を広東語に訳しなさい。

1) お名前は？
2) どうぞお入り下さい。
3) どういたしまして。
4) ご遠慮なく。
5) どうぞよろしくお願いします。

LESSON 4

本を持っていますか？

> Nei⁵ yau⁵ mou⁵ sü¹ a³?
> 你 有 冇 書 呀?

A25 A: Nei⁵ yau⁵ mou⁵ sü¹ a³?
　　你 有 冇 書 呀?

B: Yau⁵, ngo⁵ yau⁵ sü¹.
　 有, 我 有 書。

A: Nei⁵ yau⁵ mou⁵ bat¹ a³?
　 你 有 冇 筆 呀?

B: Yau⁵, ngo⁵ dou¹ yau⁵ bat¹.
　 有, 我 都 有 筆。

A: Köü⁵ yau⁵ ma³?
　 佢 有 嗎?

B: Köü⁵ mou⁵.
　 佢 冇。

A: Nei⁵ yau⁵ mat¹ ye⁵?
　 你 有 乜 嘢?

B: Ngo⁵ yau⁵ sei³ zhi¹ yün⁴ bat¹.
　 我 有 四 枝 鉛 筆。

A: Zhung⁶ yau⁵ mou⁵ a³?
　 重 有 冇 呀?

B: Zhung⁶ yau⁵ löng⁵ zhi¹.
　 重 有 兩 枝。

LESSON 4

A: Nei⁵ yau⁵ dāi³ biu¹ ma³?
你 有 帶 錶 嗎?

B: Yau⁵ dāi³ a³.
有 帶 呀。

A: Yau⁵ yan⁴ lai⁴ mou⁵ a³?
有 人 嚟 冇 呀?

B: Mou⁵ yan⁴ lai⁴.
冇 人 嚟。

A26 ■NOTE■

有	yau⁵	ある，いる，もっている
冇	mou⁵	ない，いない，もってない
書	sü¹	本
筆	bat¹	筆，ペン
都	dou¹	〜も
乜嘢	mat¹ ye⁵	なに，どんな
枝	zhi¹	(鉛筆など細長いものの量詞)〜本
鉛筆	yün⁴ bat¹	鉛筆
重	zhung⁶	さらに，なお，まだ.
兩	löng⁵	二つ
帶	dāi³	身につける，身に帶びる
錶	biu¹	時計

A27 【単語をふやそう】

<文　具>

墨水筆	mak⁶ söü² bat¹	万年筆
墨水	mak⁶ söü²	インク
粉筆	fan² bat¹	チョーク
原子筆	yün⁴ zhi² bat¹	ボールペン
毛筆	mou⁴ bat¹	毛筆
咭片	kāt¹ pin²	カード，名刺
電腦	din⁶ nou⁵	コンピューター
漿糊	zhöng¹ wu⁴	糊
紙	zhi²	紙
膠擦	gāu¹ chāt²	消しゴム
鉛筆刨	yün⁴ bat¹ pāu²	鉛筆削り

A28 MEMO ……………………………… 広東語の量詞について

　広東語の量詞は相当厳密に用いられ，その種類もまた多い。以下によく使われる量詞を掲げますから，発音練習も兼ねて，量詞と名詞の組み合わせを覚えて下さい。

一個人	yat¹ go³ yan⁴	人ひとり
一個碟	yat¹ go³ dip²	小皿一枚
一個盒	yat¹ go³ hap²	小箱ひとつ
一個錶	yat¹ go³ biu¹	腕時計ひとつ
一個窿	yat¹ go³ lung¹	穴ひとつ
一隻狗	yat¹ zhek³ gau²	犬一匹
一隻牛	yat¹ zhek³ ngau⁴	牛一頭
一隻碗	yat¹ zhek³ wun²	お椀ひとつ
一隻牙	yat¹ zhek³ nga⁴	歯一本
一隻船	yat¹ zhek³ sün⁴	船いっせき
一隻手	yat¹ zhek³ sau²	片手

LESSON 4

一隻脚	yat^1 zhek^3 gök^3	片足
一隻眼	yat^1 zhek^3 ngān^5	片目
一件事	yat^1 gin^6 si^6	一つの事柄
一件衫	yat^1 gin^6 sām^1	衣服一枚
一件行李	yat^1 gin^6 hang^4 lei^5	荷物ひとつ
一位人客	yat^1 wai^2 yan^4 hāk^3	客ひとり
一位先生	yat^1 wai^2 sin^1 sāng^1	男性ひとり
一本書	yat^1 bun^2 sü^1	本一冊
一部書	yat^1 bou^6 sü^1	〃
一句話	yat^1 göü^3 wa^6	ひと言
一面鏡	yat^1 min^6 geng^3	鏡一枚
一座山	yat^1 zho^6 sān^1	山ひとつ
一座廟	yat^1 zho^6 miu^2	廟ひとつ
一杯酒	yat^1 bui^1 zhau^2	一杯の酒
一封信	yat^1 fung^1 sön^3	一通の手紙
一雙筷子	yat^1 söng^1 fāi^3 zhi^2	箸いちぜん
一頂帽	yat^1 deng^2 mou^2	帽子ひとつ
一道(度)門	yat^1 dou^6 mun^4	門（ドア）ひとつ
一道(度)橋	yat^1 dou^6 kiu^4	一本の橋
一對鞋	yat^1 döü^3 hāi^4	靴いっそく
一喬樹	yat^1 po^1 sü^6	一本の木
一餐飯	yat^1 chān^1 fān^6	一度の食事
一份報紙	yat^1 fan^6 bou^3 zhi^2	新聞一部
一間屋	yat^1 gān^1 nguk^1	一軒の家
一間房	yat^1 gān^1 fong^2	一間の部屋
一張紙	yat^1 zhöng^1 zhi^2	紙一枚
一張檯	yat^1 zhöng^1 toi^2	テーブルひとつ
一張椅	yat^1 zhöng^1 yi^2	いっきゃくの椅子
一張牀	yat^1 zhöng^1 chong^4	ベッドひとつ

広東語基本会話

一條魚	yat¹ tiu⁴ yü²	魚一匹
一條手巾	yat¹ tiu⁴ sau² gan¹	ハンカチ一枚
一條河	yat¹ tiu⁴ ho⁴	ひとすじの川
一條路	yat¹ tiu⁴ lou⁶	一本の道
一條蛇	yat¹ tiu⁴ se⁴	一匹の蛇
一枝筆	yat¹ zhi¹ bat¹	一本の筆
一枝花	yat¹ zhi¹ fa¹	花ひと枝
一朶花	yat¹ dö² fa¹	花ひとふさ
一喬花	yat¹ po¹ fa¹	花いちりん
一把刀	yat¹ ba² dou¹	一本の刀
一把遮	yat¹ ba² zhe¹	一本の傘
一架汽車	yat¹ ga³ hei³ che¹	一台の自動車
一架飛機	yat¹ ga³ fei¹ gei¹	一台の飛行機
一陣風	yat¹ zhan⁶ fung¹	一陣の風
一陣雨	yat¹ zhan⁶ yü⁵	一陣の雨
一嗜糖	yat¹ gau⁶ tong²	ひとかたまりの砂糖
一嗜番梘	yat¹ gau⁶ fān¹ gān²	石鹸ひとつ
一塊布	yat¹ fāi³ bou³	布一枚
一塊玻璃	yat¹ fāi³ bo¹ lei¹	ガラス一枚
一塊麵包	yat¹ fāi³ min⁶ bāu¹	パンひときれ
一粒豆	yat¹ lap¹ dau²	豆ひとつぶ
一粒米	yat¹ lap¹ mai⁵	米ひとつぶ
一口針	yat¹ hau² zham¹	針一本
一口烟仔	yat¹ hau² yin¹ zhai²	一服のタバコ
一包烟仔	yat¹ bāu¹ yin¹ zhai²	一箱のタバコ

LESSON 4

練習問題

1. 下線部を置き換えて練習しなさい。

   1) 你有冇書呀？　　　　原子筆　　yün⁴ zhi² bat¹
   　　　　　　　　　　　　鉛筆　　　yün⁴ bat¹
   　　　　　　　　　　　　咭片　　　kāt¹ pin²

   2) 我有四枝毛筆。　　　兩本書　　löng⁵ bun² sü¹
   　　　　　　　　　　　　三張紙　　sām¹ zhöng¹ zhi²
   　　　　　　　　　　　　一把遮　　yat¹ ba² zhe¹

2. 次の発音記号を声に出して読み，漢字に直しなさい。

   1) yat¹ bui¹ zhau²
   2) löng⁵ go³ dip²
   3) sām¹ gān¹ nguk¹
   4) mat¹ ye⁵
   5) din⁶ nou⁵

3. 次の日本語を広東語に訳しなさい。

   1) あなたは何をもっていますか？
   2) ボールペンをお持ちですか？
   3) あと三本もっています。
   4) 私も消しゴムをもっています。
   5) 誰かきましたか？

LESSON 5

これは何ですか？

Ni¹ go³ hai⁶ mat¹ ye⁵?
呢 個 係 乜 嘢?

A29 A: Ni¹ go³ hai⁶ mat¹ ye⁵?
呢 個 係 乜 嘢?

B: Go² go³ hai⁶ sau² biu¹.
嗰 個 係 手 錶。

A: Bin¹ go³ hai⁶ nei⁵ ge³?
邊 個 係 你 嘅?

B: Ni¹ go³ hai⁶ ngo⁵ ge³.
呢 個 係 我 嘅。

A: Ni¹ di¹ hai⁶ mat¹ ye⁵?
呢 啲 係 乜 嘢?

B: Go² di¹ hai⁶ zhü¹ gwu¹ lik¹.
嗰 啲 係 朱 咕 力。

A: Ni¹ di¹ hai⁶ bin¹ go³ ge³?
呢 啲 係 邊 個 嘅?

B: Hai⁶ ngo⁵ ge³.
係 我 嘅。

A: Go² di¹ hai⁶ bin¹ go³ māi⁵ lai⁴ ge³?
嗰 啲 係 邊 個 買 嚟 嘅?

B: Hai⁶ lam⁴ siu² zhe² māi⁵ lai⁴ ge³.
係 林 小 姐 買 嚟 嘅。

LESSON 5

A: Hai⁶ m⁴ hai⁶ ni¹ go³?
　 係 唔 係 呢 個?

B: Hai⁶.
　 係。

A: Ni¹ go³ hai⁶ m⁴ hai⁶ nei⁵ ge³?
　 呢 個 係 唔 係 你 嘅?

B: M⁴ hai⁶ ngo⁵ ge³.
　 唔 係 我 嘅。

■NOTE■

呢個	ni¹ go³	これ
嗰個	go² go³	それ
邊個	bin¹ go³	どれ, 誰
呢啲	ni¹ di¹	これら
嗰啲	go² di¹	それら, あれら
係	hai⁶	〜は〜です
唔	m⁴	否定の副詞

　　　〈唔係 m⁴ hai⁶〉〜ではない

朱咕力	zhü¹ gwu¹ lik¹	チョコレート
嘅	ge³	〜の
買	māi⁵	買う
個	go³	(人や物を数える量詞)〜人, 〜個
啲	di¹	複数を表示する。副詞として用いられる場合は「すこし」の意

広東語基本会話

●広東語の指示代詞のまとめ

		近 称	遠 称	疑 問
人	単数	呢個 ni^1 go^3 (この) 呢位 ni^1 wai^2 (この)	嗰個 go^2 go^3 (その, あの) 嗰位 go^2 wai^2 (その, あの)	邊個 bin^1 go^3 (どの, 誰) 邊位 bin^1 wai^2 (どの, 誰)
	複数	呢啲 ni^1 di^1 (これら)	嗰啲 go^2 di^1 (それら, あれら)	邊啲 bin^1 di^1 (どの)
事物	単数	呢個 ni^1 go^3 (この) 呢種 ni^1 $zhung^2$ (この種) 呢樣 ni^1 $yöng^6$ (このような)	嗰個 go^2 go^3 (その, あの) 嗰種 go^2 $zhung^2$ (その種, あの種) 嗰樣 go^2 $yöng^6$ (その・あのような)	乜 mat^1 (なに) 乜嘢 mat^1 ye^5 (なに, どんな) 邊個 bin^1 go^3 (どの) 邊種 bin^1 $zhung^2$ (どの種) 邊樣 bin^1 $yöng^2$ (どのような)
	複数	呢啲 ni^1 di^1 (これら)	嗰啲 go^2 di^1 (それら, あれら)	邊啲 bin^1 di^1 (どれ)
場所		呢度 ni^1 dou^6 (ここ) 呢處 ni^1 $sü^3$ / $chü^3$ (ここ)	嗰度 go^2 dou^6 (そこ, あそこ) 嗰處 go^2 $sü^3$/$chü^3$ (そこ, あそこ)	邊度 bin^1 dou^6 (どこ) 邊處 bin^1 $sü^3$ / $chü^3$ (どこ)
方向		呢便 ni^1 bin^6 (こちら)	嗰便 go^2 bin^6 (そちら, あちら)	邊便 bin^1 bin^6 (どちら)
時間		呢陣 ni^1 $zhan^6$ (この時) 呢排 ni^1 $pāi^4$ (この頃) 呢陣時 ni^1 $zhan^6$ si^4 (この時)	嗰陣 go^2 $zhan^6$ (その・あの時) 嗰排 go^2 $pāi^4$ (その・あの頃) 嗰陣時 go^2 $zhan^6$ si^4 (その・あの時)	幾時 gei^2 si^4 (いつ) 幾耐 gei^2 noi^6 (どれ位の間)
方法・状態		咁 gam^3 (こんな) 咁樣 gam^3 $yöng^2$ (こんな)	噉 gam^2 (そんな, あんな) 噉樣 gam^2 $yöng^2$ (そんな・あんな)	點 dim^2 (どんな) 點樣 dim^2 $yöng^2$ (どんな)
原因・理由				點解 dim^2 $gāi^2$ (なぜ) 做乜 $zhou^6$ mat^1 (なぜ) 爲乜 wai^6 mat^1 (なぜ) 因乜 yan^1 mat^1 (なぜ) 使乜 sai^2 mat^1 (なぜ)
数量				幾 gei^2 (いくつ) 幾多 gei^2 do^1 (いくつ)

LESSON 5

練習問題

1. 下線部を置き換えて練習しなさい。
   1) 呢個係<u>我</u>嘅。
      你嘅　　nei⁵ ge³
      佢嘅　　köü⁵ ge³
      佢哋嘅　köü⁵ dei⁶ ge³

   2) 嗰啲係<u>朱咕力</u>。
      乜嘢?　　mat¹ ye⁵?
      邊個嘅?　bin¹ go³ ge³?
      香口膠　　höng¹ hau² gāu¹（チューインガム）

2. 次の発音記号を声に出して読み漢字に直しなさい。
   1) ni¹ go³
   2) go² go³
   3) bin¹ go³
   4) dim² gāi²
   5) sau² biu¹

3. 次の日本語を広東語に訳しなさい。
   1) どれがあなたのですか？
   2) これは何ですか？
   3) 私のではありません。
   4) これですか？
   5) それらではありません。

LESSON 6

いま何時？

Yi⁴ ga¹ gei² dim² zhung¹?
而 家 幾 點 鐘 ?

A31 A: Yat¹ nin⁴ yau⁵ gei² do¹ go³ yüt⁶?
一 年 有 幾 多 個 月?

B: Yat¹ nin⁴ yau⁵ sap⁶ yi⁶ go³ yüt⁶; yat¹ yüt⁶, yi⁶ yüt⁶, sām¹ yüt⁶,
一 年 有 十 二 個 月; 一 月, 二 月, 三 月,

sei³ yüt⁶, ng⁵ yüt⁶, luk⁶ yüt⁶, chat¹ yüt⁶, bāt³ yüt⁶, gau² yüt⁶,
四 月, 五 月, 六 月, 七 月, 八 月, 九 月,

sap⁶ yüt⁶, sap⁶ yat¹ yüt⁶, sap⁶ yi⁶ yüt⁶.
十 月, 十 一 月, 十 二 月。

A: Yat¹ go³ yüt⁶ yau⁵ gei² do¹ yat⁶?
一 個 月 有 幾 多 日?

B: Yat¹ go³ yüt⁶ yau⁵ sām¹ sap⁶ yat⁶ tung⁴ sa¹ yat¹ yat⁶, yi⁶ yüt⁶
一 個 月 有 三 十 日 同 卅 一 日, 二 月

zhau⁶ dak¹ ya⁶ bāt³ yat⁶ wāk⁶ zhe² ya⁶ gau² yat⁶.
就 得 廿 八 日 或 者 廿 九 日。

A: Yat¹ go³ lai⁵ bāi³ yau⁵ gei² do¹ yat⁶?
一 個 禮 拜 有 幾 多 日?

B: Yat¹ go³ lai⁵ bāi³ yau⁵ chat¹ yat⁶.
一 個 禮 拜 有 七 日。

A: Lai⁵ bāi³ gei² tung⁴ lai⁵ bāi³ gei² a³?
禮 拜 幾 同 禮 拜 幾 呀?

B: Lai⁵ bāi³ yat¹, lai⁵ bāi³ yi⁶, lai⁵ bāi³ sām¹, lai⁵ bāi³ sei³, lai⁵
禮 拜 一, 禮 拜 二, 禮 拜 三, 禮 拜 四, 禮

bāi³ ng⁵, lai⁵ bāi³ luk⁶, lai⁵ bāi³ yat⁶.
拜 五, 禮 拜 六, 禮 拜 日。

A: Yat¹ yat⁶ yau⁵ gei² do¹ dim² zhung¹?
一 日 有 幾 多 點 鐘?

B: Yat¹ yat⁶ yau⁵ ya⁶ sei³ siu² si⁴.
一 日 有 廿 四 小 時。

A: Yat¹ go³ zhung¹ tau⁴ yau⁵ gei² do¹ go³ zhi⁶?
一 個 鐘 頭 有 幾 多 個 字?

B: Yat¹ go³ zhung¹ tau⁴ yau⁵ sap⁶ yi⁶ go³ zhi⁶.
一 個 鐘 頭 有 十 二 個 字。

A: Yat¹ go³ zhi⁶ yau⁵ gei² do¹ fan¹ zhung¹?
一 個 字 有 幾 多 分 鐘?

B: Yat¹ go³ zhi⁶ yau⁵ ng⁵ fan¹ zhung¹.
一 個 字 有 五 分 鐘。

A: Yat¹ fan¹ zhung¹ yau⁵ gei² do¹ miu⁵?
一 分 鐘 有 幾 多 秒?

B: Yat¹ fan¹ zhung¹ yau⁵ luk⁶ sap⁶ miu⁵.
一 分 鐘 有 六 十 秒。

A: Yat¹ go³ gwat¹ (sām¹ go³ zhi⁶) yau⁵ gei² do¹ fan¹ zhung¹?
一 個 骨 (三 個 字) 有 幾 多 分 鐘?

B: Yat¹ go³ gwat¹ (sām¹ go³ zhi⁶) yau⁵ sap⁶ ng⁵ fan¹ zhung¹.
一 個 骨 (三 個 字) 有 十 五 分 鐘。

広東語基本会話

A: Gam¹ yat⁶ hai⁶ gei² yüt⁶ gei² hou⁶ sing¹ kei⁴ gei² a³?
　　今　日　係　幾　月　幾　號　星　期　幾　呀?

B: Gam¹ yat⁶ hai⁶ sap⁶ yüt⁶ sap⁶ hou⁶ sing¹ kei⁴ yi⁶.
　　今　日　係　十　月　十　號　星　期　二。

A: Yi⁴ ga¹ gei² dim² zhung¹?
　　而　家　幾　點　鐘?

B: Yi⁴ ga¹ löng⁵ dim² löng⁵ go³ zhi⁶.
　　而　家　兩　點　兩　個　字。

A32 ■NOTE■

幾	gei²	いくつ（予想される答えが10以下）
幾多	gei² do¹	いくつ（無制限）
就	zhau⁶	（前に述べた事態の一部をひっくりかえし, あるいは例外的なことを付け加えて述べるのに用いられた場合は）ただし, ただ
得	dak¹	①得る, …の結果を得る　②可能である, …できる, …してよい　③〜だけ
或者	wāk⁶ zhe²	あるいは
禮拜	lai⁵ bāi³	"星期sing¹ kei⁴"と同じ, ①曜日②週③礼拝(する)。但し印刷物など公式なものには"星期"を用いる

　禮拜(星期)一　lai⁵ bāi³ (sing¹ kei⁴) yat¹　月曜日
　禮拜(星期)二　lai⁵ bāi³ (sing¹ kei⁴) yi⁶　火曜日
　禮拜(星期)三　lai⁵ bāi³ (sing¹ kei⁴) sām¹　水曜日
　禮拜(星期)四　lai⁵ bāi³ (sing¹ kei⁴) sei³　木曜日
　禮拜(星期)五　lai⁵ bāi³ (sing¹ kei⁴) ng⁵　金曜日
　禮拜(星期)六　lai⁵ bāi³ (sing¹ kei⁴) luk⁶　土曜日
　禮拜(星期)日　lai⁵ bāi³ (sing¹ kei⁴) yat⁶　日曜日

LESSON 6

點鐘	dim² zhung¹	時
小時	siu² si⁴	時間
一個鐘頭	yat¹ go³ zhung¹ tau⁴	1 時間
一個字	yat¹ go³ zhi⁶	5 分
一分鐘	yat¹ fan¹ zhung¹	1 分間
一個骨	yat¹ go³ gwat¹	15分
而家	yi⁴ ga¹	現在, 今
兩個字	löng⁵ go³ zhi⁶	10分

A33

● 年・月・日, 曜日の言い方

① yat¹ gau² bāt³ ～ nin⁴ ～ yüt⁶ ～ hou⁶ (yat⁶)
   一　 九　 八　～ 年　～ 月　～ 號　 (日)

② sing¹ kei⁴ yat¹, sing¹ kei⁴ yi⁶ …… sing¹ kei⁴ yat⁶
   星　 期　 一,　星　 期　 二 ……　星　 期　 日
       (月),   (火)   (日)

③ chin⁴ nin⁴, gau⁶ nin⁴, gam¹ nin⁴, chöt¹ nin⁴, hau⁶ nin⁴
   前　 年,　舊　 年,　今　 年,　出　 年,　後　 年
   (一昨年) (去年)　 (ことし)　(来年)　 (さ来年)

④ chin⁴ yat⁶, kam⁴ yat⁶, gam¹ yat⁶, ting¹ yat⁶, hau⁶ yat⁶
   前　 日,　噚　 日,　今　 日,　聽　 日,　後　 日
   (一昨日) (昨日)　 (今日)　　(明日)　 (あさって)

⑤ söng⁶ go³ lai⁵ bāi³, ni¹ go³ lai⁵ bāi³, ha⁶ go³ lai⁵ bāi³
   上　 個　 禮　 拜,　呢　 個　 禮　 拜,　下　 個　 禮　 拜
        (先週)   (今週)   (来週)

⑥ söng⁶ go³ yüt⁶, ni¹ go³ yüt⁶, ha⁶ go³ yüt⁶
   上　 個　 月,　呢　 個　 月,　下　 個　 月
        (先月)   (今月)   (来月)

A34 【単語をふやそう】

＜四季　　sei³ gwai³＞

| 春天 | chön¹ tin¹ | 秋天 | chau¹ tin¹ |
| 夏天 | ha⁶ tin¹ | 冬天 | dung¹ tin¹ |

A35

●時間の言い方

① ~dim² ~fan¹ ~miu⁵
　~點　~分　~秒

② 2:00　　兩點鐘　　　löng⁵ dim² zhung¹
　　　　　兩點正　　　löng⁵ dim² zhing³

　2:01　　兩點一分　　löng⁵ dim² yat¹ fan¹

　2:05　　兩點一個字　löng⁵ dim² yat¹ go³ zhi⁶
　　　　　兩點踏一　　löng⁵ dim² dāp⁶ yat¹
　　　　　兩點五分　　löng⁵ dim² ng⁵ fan¹

　2:15　　兩點一個骨　löng⁵ dim² yat¹ go³ gwat¹
　　　　　兩點三個字　löng⁵ dim² sām¹ go³ zhi⁶
　　　　　兩點踏三　　löng⁵ dim² dāp⁶ sām¹
　　　　　兩點十五分　löng⁵ dim² sap⁶ ng⁵ fan¹

　2:30　　兩點半　　　löng⁵ dim² bun³
　　　　　兩點三十分　löng⁵ dim² sām¹ sap⁶ fan¹

　2:45　　兩點三個骨　löng⁵ dim² sām¹ go³ gwat¹
　　　　　兩點九個字　löng⁵ dim² gau² go³ zhi⁶
　　　　　兩點踏九　　löng⁵ dim² dāp⁶ gau²
　　　　　兩點四十五分　löng⁵ dim² sei³ sap⁶ ng⁵ fan¹

　2:57　　兩點五十七分　löng⁵ dim² ng⁵ sap⁶ chat¹ fan¹
　　　　　睜三分三點　zhāng¹ sām¹ fan¹ sām¹ dim²

③ zhiu¹ tau⁴ zhou², söng⁶ zhau³, ngān³ zhau³,
　朝　頭　早，　上　晝，　　晏　晝，
　　（朝）　　　（午前）　　（昼）

　ha⁶ zhau³, mān⁵ tau⁴ hak¹
　下　晝，　晚　頭　黑
　（午後）　　（夜）

LESSON 6

MEMO ·· "二 yi⁶" と "兩 löng⁵"

"二":「順序」を数える。

二月　yi⁶ yüt⁶　　二號　yi⁶ hou⁶　　第二　dai⁶ yi⁶

"兩":「数量」を数える。

兩個　löng⁵ go³　　兩日　löng⁵ yat⁶　　兩本書　löng⁵ bun² sü¹

MEMO ·· 広東語の時間表示について

① 毎5分間を1単位として "～個字 go³ zhi⁶" と言う。したがって5分は "一個字 yat¹ go³ zhi⁶", 10分は "兩個字 löng⁵ go³ zhi⁶", 15分は "三個字 sām¹ go³ zhi⁶" となる。もし10分と15分の間, すなわち12～3分と言うときは "兩個幾字 löng⁵ go³ gei² zhi⁶" と言う。

② 同様に5分単位を "踏～ dāp⁶ ～" とも言い, 5分を "踏一 dāp⁶ yat¹", 10分を "踏二 dāp⁶ yi⁶"(ただし "踏兩" と言うことはできない), 20分を "踏四 dāp⁶ sei³" と言う。

③ また "踏一" を2～3分過ぎている時には "踏一過啲 dāp⁶ yat¹ gwo³ di¹" となり, もうすぐ "踏三" になる時は "就嚟踏三 zhau⁶ lai⁴ dāp⁶ sām¹" と言う。勿論同様に "～個字過啲" とか "就嚟～個字" という言い方もできる。しかし時刻でなく時間の長さを表すときには, この "踏…" 型の表現は用いられない。

④ 何時かっきり, ちょうど～時というときは "正 zhing³" を用いる。

⑤ 何時何分前というときは, "睜 zhāng¹"（足りない・不足する）を用いる。

⑥ 分単位において, それが10分にみたないときは "零 ling⁴" を用いる。

　　3：01→三點零一分

練 習 問 題

1．下線部を置き換えて練習しなさい。

  1）今日係<u>六</u>月<u>十五</u>號星期<u>一</u>。　　　　五 ng^5 ‖ 三十 $sām^1\ sap^6$ ‖ 日 yat^6
　　　　　　　　　　　　　　　　　　　　九 gau^2 ‖ 七 $chat^1$ ‖ 六 luk^6

  2）今年一九九<u>幾</u>年？　　　　　　　零 $ling^4$
　　　　　　　　　　　　　　　　　　　一 yat^1

2．次の広東語を日本語に訳しなさい。
  1）呢個禮拜
  2）出年
  3）禮拜三
  4）星期日
  5）聽日

3．次の日本語を広東語に訳しなさい。
  1）あさっては土曜日です。
  2）今日は12月29日です。
  3）昨日は火曜日です。
  4）いま何時ですか？
  5）いま3時5分前です。

LESSON 7

お生まれはいつですか？

> Nei⁵ gei² si⁴ chöt¹ sai³ ga³?
> 你 幾 時 出 世 㗎?

A36 A: Nei⁵ giu³ mat¹ ye⁵ meng² a³?
你 叫 乜 嘢 名 呀?

B: Ngo⁵ sing³ Ga¹ tang⁴, ming⁴ giu³ Nam⁵.
我 姓 加 藤, 名 叫 稔。

A: Ga¹ tang⁴ sin¹ sāng¹ hai⁶ Yat⁶ bun² yan⁴ yik¹ wāk⁶ hai⁶
加 藤 先 生 係 日 本 人 抑 或 係

Zhung¹ gwok³ yan⁴ a³?
中 國 人 呀?

B: Ngo⁵ hai⁶ Yat⁶ bun² yan⁴. Ching² man⁶ nei⁵ hai⁶ Höng¹ gong²
我 係 日 本 人。 請 問 你 係 香 港

yan⁴ ding⁶ hai⁶ Toi⁴ wān¹ yan⁴ a³?
人 定 係 臺 灣 人 呀?

A: Ngo⁵ hai⁶ Höng¹ gong² yan⁴. Ga¹ tang⁴ sin¹ sāng¹, nei⁵ gei²
我 係 香 港 人。加 藤 先 生, 你 幾

si⁴ chöt¹ sai³ ga³?
時 出 世 㗎?

B: Ngo⁵ hai⁶ yat¹ gau² ng⁵ ng⁵ nin⁴ chöt¹ sai³ ge³.
我 係 一 九 五 五 年 出 世 嘅。

A: Nei⁵ ge³ sāng¹ yat⁶ hai⁶ gei² yüt⁶ gei² hou⁶ a³?
   你 嘅 生 日 係 幾 月 幾 號 呀?

B: Ngo⁵ ge³ sāng¹ yat⁶ hai⁶ yi⁶ yüt⁶ sap⁶ bāt³ hou⁶.
   我 嘅 生 日 係 二 月 十 八 號。

A: Nei⁵ gam¹ nin⁴ gei² do¹ söü³ a³?
   你 今 年 幾 多 歲 呀?

B: Ngo⁵ gam¹ nin⁴ sām¹ sap⁶ sei³ söü³.
   我 今 年 三 十 四 歲。

A: Nei⁵ yi⁴ ga¹ hai² bin¹ gān¹ gung¹ si¹ zhou⁶ si⁶ a³?
   你 而 家 喺 邊 間 公 司 做 事 呀?

B: Ngo⁵ yi⁴ ga¹ hai² Yat⁶ bun² yan³ chāt³ gung¹ si¹ zhou⁶ si⁶.
   我 而 家 喺 日 本 印 刷 公 司 做 事。

A: Nei⁵ da² sün³ hai² Höng¹ gong² zhü⁶ gei² noi⁶ a³?
   你 打 算 喺 香 港 住 幾 耐 呀?

B: Ngo⁵ da² sün³ zhü⁶ sām¹、sei³ nin⁴.
   我 打 算 住 三、四 年。

A: Nei⁵ hai² Höng¹ gong² yau⁵ mou⁵ chan¹ chik¹ pang⁴ yau⁵ a³?
   你 喺 香 港 有 冇 親 戚 朋 友 呀?

B: Mou⁵, ngo⁵ yau⁶ mou⁵ pang⁴ yau⁵ yau⁶ mou⁵ chan¹ chik¹.
   冇, 我 又 冇 朋 友 又 冇 親 戚。

LESSON 7

A37 ■NOTE■

叫	giu³	①～と称する，～と言う，名は～という ②呼ぶ，叫ぶ ③～に～させる
抑或	yik¹ wāk⁶	あるいは，または，さもなければ
請問	ching² man⁶	おたずねいたします
定	ding⁶	あるいは，または，さもなければ
幾時	gei² si⁴	いつ
出世	chöt¹ sai³	生まれる，生まれ出る
㗎	ga³	①（決断・確認・意外の語気詞）～のか，～か
邊間	bin¹ gān¹	どちらの，どこの（"間" gān¹ は建物などの量詞）
公司	gung¹ si¹	会社
喺	hai²	①（行為・動作の行われる場所をあらわす） ～で，～において ②～にある（いる） ③存在する，いる
做事	zhou⁶ si⁶	仕事をする
打算	da² sün³	～するつもり
幾耐	gei² noi⁶	どのくらい（時間）
朋友	pang⁴ yau⁵	友だち
住	zhü⁶	住む，滞在する
又～又～	yau⁶ ～ yau⁶ ～	～でもあるし～でもある

練 習 問 題

1．つぎの対話の空欄にそれぞれ用意されている言葉を入れ練習しなさい。

   A: 你住喺邊度?
   B: 我住喺——。
     1. 東京　Dung^1 ging^1　　2. 香港　Höng^1 gong^2
     3. 九龍　Gau^2 lung^4

2．下線部を置き換えて練習しなさい。
 1) 我又有<u>朋友</u>又有<u>親戚</u>。
     1. 鉛筆 yün^4 bat^1、　原子筆 yün^4 zhi^2 bat^1
     2. 家姐 ga^1 zhe^1（姉）、　細佬 sai^3 lou^2（弟）
 2) 佢有冇<u>紙</u>呀?
     1. 書 sü^1　　2. 墨水筆 mak^6 söü^2 bat^1
 3) 佢唔係<u>日本人</u>。
     中國人 Zhung^1 gwok^3 yan^4
     香港人 Höng^1 gong^2 yan^4

3．つぎの日本語を広東語に訳しなさい。
 1) あなたの誕生日は何月何日ですか？
 2) あなたはどのくらい香港に滞在するつもりですか？
 3) あなたは今年何才ですか？
 4) 私の誕生日は1月1日です。

疑問文のまとめ

1. **単純疑問文**：肯定文の文末に"嗎 ma³"を付けることによって成立する。ただし、否定疑問文には"嗎"は用いられないことに注意。

   [例] 佢好。köü⁵ hou². →佢好嗎? köü⁵ hou² ma³?

2. **重ね型疑問文**："係唔係…呀 hai⁶ m⁴ hai⁶ … a³?"のように肯定形と否定形を重ねることによって成立する。通常文末に"呀a³"が置かれる。ただし、"有冇 yau⁵ mou⁵"型は重ね型の例外。

   [例] 你係唔係廣東人呀? Nei⁵ hai⁶ m⁴ hai⁶ Gwong² dung¹ yan⁴ a³?
   　　佢高唔高呀? Köü⁵ gou¹ m⁴ gou¹ a³?

   また《動詞＋目的語》を含む重ね型疑問文には2種類あって、①動詞の肯定形と否定形を重ねたあとに目的語が置かれる場合と、②肯定形と否定形の間に目的語を置く場合とがある。この場合、動詞の示す行為よりも、目的語の方により重点がおかれると言うことができる。

   [例] ①你買唔買書呀? Nei⁵ māi⁵ m⁴ māi⁵ sü¹ a³?
   　　　你睇唔睇日本報紙呀? Nei⁵ tai² m⁴ tai² Yat⁶ bun² bou³ zhi² a³?
   　　②你買書唔買呀? Nei⁵ māi⁵ sü¹ m⁴ māi⁵ a³?
   　　　你睇日本報紙唔睇呀? Nei⁵ tai² Yat⁶ bun² bou³ zhi² m⁴ tai² a³?

   以下によく使用される動詞，形容詞の用例を示す。

   （1）動詞

肯定		否定	重ね型疑問
係 hai⁶	（～である）	唔係	係唔係
嚟 lai⁴	（来る）	唔嚟	嚟唔嚟
去 höü³	（行く）	唔去	去唔去
返 fan¹	（帰る）	唔返	返唔返
到 dou³	（着く）	唔到	到唔到

			否定	重ね型疑問
要	yiu³	（要る）	唔要	要唔要
搭	dāp³	（乗る）	唔搭	搭唔搭
行	hāng⁴	（歩く）	唔行	行唔行
學	hok⁶	（学ぶ）	唔學	學唔學
教	gāu³	（教える）	唔教	教唔教
識	sik¹	（知る）	唔識	識唔識
住	zhü⁶	（住む）	唔住	住唔住
中意	zhung¹ yi³	（好む）	唔中意	中唔中意
知道	zhi¹ dou³	（知る）	唔知道	知唔知道
cancel			唔 cancel	can 唔 cancel
食	sik⁶	（食う）	唔食	食唔食
飲	yam²	（飲む）	唔飲	飲唔飲
講	gong²	（話す）	唔講	講唔講
聽	teng¹	（聞く）	唔聽	聽唔聽
走	zhau²	（走る）	唔走	走唔走

(2) 形容詞

肯定			否定	重ね型疑問
大	dāi⁶	（大きい）	唔大	大唔大
細	sai³	（小さい）	唔細	細唔細
多	do¹	（多い）	唔多	多唔多
少	siu²	（少ない）	唔少	少唔少
長	chöng⁴	（長い）	唔長	長唔長
短	dün²	（短い）	唔短	短唔短
高	gou¹	（高い）	唔高	高唔高
矮	ngai²	（低い）	唔矮	矮唔矮
新	san¹	（新しい）	唔新	新唔新
舊	gau⁶	（古い）	唔舊	舊唔舊
熱	yit⁶	（熱い）	唔熱	熱唔熱
凍	dung³	（冷たい）	唔凍	凍唔凍
遠	yün⁵	（遠い）	唔遠	遠唔遠
近	kan⁵	（近い）	唔近	近唔近

難 nān⁴	（難しい）	唔難	難唔難
易 yi⁶	（易しい）	唔易	易唔易
貴 gwai³	（値の高い）	唔貴	貴唔貴
平 peng⁴	（値の安い）	唔平	平唔平
靚 leng³	（美しい）	唔靚	靚唔靚
醜 chau²	（醜い）	唔醜	醜唔醜
暖 nün⁵	（暖かい）	唔暖	暖唔暖
冷 lāng⁵	（冷たい）	唔冷	冷唔冷
厚 hau⁵	（厚い）	唔厚	厚唔厚
薄 bok⁶	（薄い）	唔薄	薄唔薄
深 sam¹	（深い）	唔深	深唔深
淺 chin²	（浅い）	唔淺	淺唔淺
啱 ngām¹	（正しい）	唔啱	啱唔啱

3．"呀a⁴"型疑問文：相手の確認を求めたり，やや驚きを表わすような場合，先に出た肯定文の文末に語気助詞 "呀a⁴" を用いる。

[**例**] 佢靚唔靚呀? köü⁵ leng³ m⁴ leng³ a³?（彼女はきれいですか？）

　　　佢好靚。köü⁵ hou² leng³．（彼女はとてもきれいです。）

　　　佢好靚呀? köü⁵ hou² leng³ a⁴?（彼女はとてもきれいなのですか？）

　　　　→相手の確認を求める。

　　　好靚。Hou² leng³．（とてもきれいです。）

4．疑問代詞を用いた疑問文：この種の疑問文は "邊個" "邊啲" "邊度" "乜嘢" "點解" "點樣" "幾" "幾多" 等の疑問代詞を用い疑問文を構成する方法で，文末には "嗎" を用いることは出来ない。

[**例**] 呢啲係乜嘢? Ni¹ di¹ hai⁶ mat¹ ye⁵?

　　　邊個係你嘅? Bin¹ go³ hai⁶ nei⁵ ge³?

　　　今日係幾月幾號星期幾呀? Gam¹ yat⁶ hai⁶ gei² yüt⁶ gei² hou⁶ sing¹ kei⁴ gei² a³?

5．"呢ne¹"を用いた省略式疑問文：

[例] 我而家睇電視，你呢? Ngo⁵ yi⁴ ga¹ tai² din⁶ si⁶, nei⁵ ne¹?

我都幾好，你有心，你呢? Ngo⁵ dou¹ gei² hou², nei⁵ yau⁵ sam¹, nei⁵ ne¹?

6．"抑或yik¹wāk⁶"や"定係ding⁶hai⁶"を用いた選択疑問文：

「…ですか，それとも…ですか」と言う場合には，間に"抑或"や"定係"をはさみ疑問文を作る。

[例] 林先生係廣東人抑或係上海人呀？
Lam⁴ sin¹ sāng¹ hai⁶ Gwong² dung¹ yan⁴ yik¹ wak⁶ hai⁶ Söng⁶ hoi² yan⁴ a³?

今日係星期五定係星期六呀？
Gam¹ yat⁶ hai⁶ sing¹ kei⁴ ng⁵ ding⁶ hai⁶ sing¹ kei⁴ luk⁶ a³?

7．"未mei⁶"を用いた疑問文：動作，状態が完了しているかいないかを問う場合，肯定文のあとに"未呀"をつけると，「まだ～しないか，したことがないか，してないか，していなかったか」という意味になる。

[例] 去過未呀? Höü³ gwo³ mei⁶ a³?

學過未呀? Hok⁶ gwo³ mei⁶ a³?

LESSON 8

紹 介

Gāi³ siu⁶
介 紹

A38 A: Nei⁵ hou²!
　　　你　好!

B: Nei⁵ hou²!
　　你　好!

A: Ching² man⁶ gwai³ sing³?
　　請　問　貴　姓?

B: Siu² sing³ Ga¹ tang⁴, gok³ ha⁶ ne¹?
　　小　姓　加　藤，閣　下　呢?

A: Siu² sing³ Chan⁴, ni¹ zhöng¹ hai⁶ ngo⁵ ge³ kāt¹ pin², ching²
　　小　姓　陳，呢　張　係　我　嘅　咭　片，請

do¹ do¹ zhi² gāu³.
多　多　指　教。

B: O⁴, do¹ zhe⁶. Ni¹ zhöng¹ hai⁶ ngo⁵ ge³ kāt¹ pin², yik⁶ dou¹
　　哦，多　謝。呢　張　係　我　嘅　咭　片，亦　都

ching² do¹ do¹ zhi² gāu³.
請　多　多　指　教。

A: Ga¹ tang⁴ sin¹ sāng¹, nei⁵ hai⁶ m⁴ hai⁶ Dung¹ ging¹ yan⁴ a³?
　　加　藤　先　生，你　係　唔　係　東　京　人　呀?

B: Hai⁶ a³, ngo⁵ hai² Dung¹ ging¹ chöt¹ sai³.
　　係呀，我　喺　東　京　出　世。

A: Nei⁵ gei² si⁴ lai⁴ zho² Höng¹ gong² ga³?
你 幾 時 嚟 咗 香 港 㗎?

B: Gam¹ nin⁴ sām¹ yüt⁶.
今 年 三 月。

A: Nei⁵ git³ zho² fan¹ mei⁶ a³?
你 結 咗 婚 未 呀?

B: Ngo⁵ zhung⁶ mei⁶ git³ fan¹.
我 重 未 結 婚。

A: Nei⁵ yau⁵ gei² do¹ hing¹ dai⁶ zhi² mui⁶ a³?
你 有 幾 多 兄 弟 姊 妹 呀?

B: Ngo⁵ yau⁵ yat¹ go³ ga¹ zhe¹, yat¹ go³ sai³ lou². Ngo⁵ ga¹ zhe¹
我 有 一 個 家 姐，一 個 細 佬。我 家 姐

yi⁵ ging¹ git³ zho² fan¹ lāk³. Ngo⁵ sai³ lou² yi⁴ ga¹ duk⁶ gan²
已 經 結 咗 婚 嘞。我 細 佬 而 家 讀 緊

dāi⁶ hok⁶.
大 學。

A: Ga¹ tang⁴ sin¹ sāng¹ ge³ gwong² dung¹ wa² gong² dak¹ gam³
加 藤 先 生 嘅 廣 東 話 講 得 咁

hou², hai⁶ m⁴ hai⁶ yau⁵ hok⁶ gwo³ ga³?
好，係 唔 係 有 學 過 㗎?

B: Hai⁶ a³, ngo⁵ hai² duk⁶ dāi⁶ hok⁶ go² zhan⁶ si⁴, hok⁶ gwo³
係呀，我喺讀大學嗰陣時，學過

siu² siu² gwok³ yü⁵ tung⁴ gwong² dung¹ wa², so² yi⁵ sik¹ gong²
少少國語同廣東話，所以識講

yat¹ di¹.
一啲。

A: Gam² Ga¹ tang⁴ sin¹ sāng¹ hok⁶ zho² gei² noi⁶ ne¹?
噉加藤先生學咗幾耐呢?

B: Hok⁶ zho² cha¹ m⁴ do¹ yat¹ nin⁴ lāk³.
學咗差唔多一年嘞。

A: M⁴ gwāi³ zhi¹ dak¹ nei⁵ gong² dak¹ gam³ hou² lāk³!
唔怪之得你講得咁好嘞!

B: M⁴ gam² dong¹, m⁴ gam² dong¹!
唔敢當，唔敢當!

広東語基本会話

A39 ■NOTE■

小姓	siu² sing³	私の姓
閣下	gok³ ha⁶	貴下，あなた
咭片	kāt¹ pin²	名刺，カード
亦都	yik⁶ dou¹	～もまた
結婚	git³ fan¹	結婚
咗	zho²	動作・状態が完了していることを示す，過去をあらわす
未	mei⁶	（動作が完了していない）まだ～ない
重	zhung⁶	まだ，なお
家姐	ga¹ zhe¹	姉
細佬	sai³ lou²	弟
已經	yi⁵ ging¹	すでに
緊	gan²	①（動詞の進行を表わす）～しつつある（☞ p.135文法ノート）②きつい（タイト）
講	gong²	話す，しゃべる，言う
得	dak¹	①（様態補語を導く）～のしかた（やりかた）が～だ ②得る ③～できる，～してよい
咁	gam³	①このように，そのように ②それでは
嗰陣時	go² zhan⁶ si⁴	その時，あの時
國語	gwok³ yü⁵	マンダリン（中国語の標準語）
識	sik¹	知っている，知識のある，わかる
一啲	yat¹ di¹	少し
噉	gam²	①それでは ②そのように，あのように
差唔多	cha¹ m⁴ do¹	だいたい～ぐらい，～ほど
嘞	lāk³	（肯定，断定，動作の完成の）語気詞
唔怪之得	m⁴ gwai³ zhi¹ dak¹	道理で
唔敢當	m⁴ gam² dong¹	恐れ入ります，どういたしまして

| 所以 | so² yi⁵ | 〜だから |

A40 文法ノート

● **様態補語を導く "得 dak¹" の用法**

1) 講得叻　　gong² dak¹ lek¹　　上手に話す
2) 食得快　　sik⁶ dak¹ fai³　　早く食べる
3) 做得好　　zhou⁶ dak¹ hou²　　うまくできる
4) 寫得啱　　se² dak¹ ngām¹　　ただしく書く

A41【単語をふやそう】

＜家族関係＞

家族	ga¹ zhuk⁶	家族
屋企人	nguk¹ kei² yan⁴	家族
亞爸	a³ ba⁴	お父さん
爸爸	ba⁴ ba¹	お父さん
亞爹	a³ de¹	お父さん
老豆	lou⁵ dau⁶	お父さん
亞媽	a³ ma¹	お母さん
媽媽	ma⁴ ma¹	お母さん
媽咪	ma¹ mi⁴	お母さん
老母	lou⁵ mou²	お母さん
亞爺	a³ ye⁴	（父方の）おじいさん
亞嫲	a³ ma⁴	（父方の）おばあさん
亞公	a³ gung¹	（母方の）おじいさん
亞婆	a³ po⁴	（母方の）おばあさん
仔	zhai²	息子
女	nöü²	娘
兄弟	hing¹ dai⁶	兄弟
姊妹	zhi² mui⁶	姉妹
大佬	dai⁶ lou²	兄

広東語基本会話

家姐	ga¹ zhe¹	姉
細佬	sai³ lou²	弟
細妹	sai³ mui²	妹
細路(仔)	sai³ lou⁶ zhai²	子供
細蚊仔	sai³ man¹ zhai²	子供
細佬哥	sai³ lou² go¹	子供
ＢＢ仔(啤啤仔)	bi⁴ bi¹ zhai²	赤ちゃん
蘇蝦仔	sou¹ ha¹ zhai²	赤ちゃん
孫仔	sün¹ zhai²	孫(男)
姪女	zhat⁶ nöü²	姪
孖仔	ma¹ zhai²	双子
男仔	nam⁴ zhai²	男の子
女仔	nöü⁵ zhai²	女の子
後生仔	hau⁶ sang¹ zhai²	若者
番鬼佬	fan¹ gwai² lou²	西洋人(男)

LESSON 8

練 習 問 題

1. 下線部を置き換えて練習しなさい。

  1) 我有一個<u>家姐</u>、一個<u>細佬</u>。　　　大佬 dāi⁶ lou²、細妹 sai³ mui².
  　　　　　　　　　　　　　　　　　　　仔 zhai²、女仔 nöü⁵ zhai².

  2) 你係唔係<u>東京</u>人呀?　　　　　　　日本人 Yat⁶ bun² yan⁴
  　　　　　　　　　　　　　　　　　　　香港人 Höng¹ gong² yan⁴
  　　　　　　　　　　　　　　　　　　　中國人 Zhung¹ gwok³ yan⁴

  3) <u>讀緊大學</u>　　　　　　　　　　　　食 sik⁶、飯 fan⁶
  　　　　　　　　　　　　　　　　　　　睇 tai²、電視 din⁶ si⁶

2. 次の日本語を広東語に訳しなさい。

  1) 彼はどこで広東語を学びますか？
  2) あなたはどのくらい（の時間）学びましたか？
  3) 約2年学びました。
  4) 彼は結婚していますか？
  5) 私は大阪でうまれました。（大阪 Dāi⁶ bān²）

LESSON 9

広東語が話せますか？

Nei⁵	sik¹	m⁴	sik¹	gong²	gwong²	dung¹	wa²	a³?
你	識	唔	識	講	廣	東	話	呀?

[A42] A: Nei⁵ sik¹ m⁴ sik¹ gong² gwong² dung¹ wa² a³?
你 識 唔 識 講 廣 東 話 呀?

B: Ngo⁵ wui⁵ gong² siu² siu², m⁴ hai⁶ sap⁶ fan¹ hou².
我 會 講 少 少, 唔 係 十 分 好。

A: Nei⁵ dim² yöng² hok⁶ gwong² dung¹ wa² ga³?
你 點 樣 學 廣 東 話 㗎?

B: Ngo⁵ ching² zho² yat¹ wai² sin¹ sāng¹ gāu³ ngo⁵ ge³.
我 請 咗 一 位 先 生 教 我 嘅。

A: Nei⁵ hok⁶ zho² gei² noi⁶ gwong² dung¹ wa² a³?
你 學 咗 幾 耐 廣 東 話 呀?

B: Ngo⁵ hok⁶ zho² mou⁵ gei² noi⁶ zhe¹.
我 學 咗 冇 幾 耐 啫。

A: Nei⁵ gong² dak¹ gei² hou² a¹!
你 講 得 幾 好 吖!

B: M⁴ hai⁶ gong² dak¹ gei² hou², nei⁵ gwo³ zhöng² zhe¹.
唔 係 講 得 幾 好, 你 過 獎 啫。

A: Yiu³ dim² yöng² zhi³ hok⁶ dak¹ hou² ne¹?
要 點 樣 至 學 得 好 呢?

B: Hok⁶ gong² wa² yü⁴ gwo² pa³ chau² zhau⁶ hok⁶ m⁴ dou², yiu³
學 講 話 如 果 怕 醜 就 學 唔 倒，要

m⁴ pa³ chau² zhi³ hok⁶ dak¹ dou².
唔 怕 醜 至 學 得 倒。

A: Gam² yau⁶ hai⁶ ge²!　Gam², nei⁵ dim² gāi² yiu³ hok⁶
噉 又 係 嘅!　噉，你 點 解 要 學

gwong² dung¹ wa² a³?
廣 東 話 呀?

B: Ngo⁵ yiu³ höü³ Höng¹ gong² zhou⁶ si⁶ a¹ ma³! Nei⁵ zhi¹ dou³
我 要 去 香 港 做 事吖 嗎! 你 知 道

ga³ la¹! Höng¹ gong² ge³ Zhung¹ gwok³ yan⁴ dāi² bou⁶ fan⁶
㗎 喇! 香 港 嘅 中 國 人 大 部 分

dou¹ hai⁶ gwong² dung¹ yan⁴, yü⁴ gwo² ngo⁵ m⁴ wui⁵ gong²
都 係 廣 東 人，如 果 我 唔 會 講

gwong² dung¹ wa² ge³ wa², sāng¹ wut⁶ zhau⁶ hou² m⁴ fong¹
廣 東 話 嘅 話，生 活 就 好 唔 方

bin⁶, yik⁶ mou⁵ bān⁶ fāt³ zhou⁶ si⁶ a³!
便，亦 冇 辦 法 做 事 呀!

A: Gam² yau⁶ hai⁶ ge²!　Gam² nei⁵ zhau⁶ yiu³ kan⁴ lik⁶ duk⁶
噉 又 係 嘅!　噉 你 就 要 勤 力 讀

sü¹ a³!
書 呀!

B: Ngo⁵ wui⁵ ga³ la¹!　Nei⁵ fong³ sam¹ la¹!
我 會 㗎 喇!　你 放 心 喇!

広東語基本会話

A43 ■NOTE■

會	wui⁵	①（技能が）できる ②可能性がある，〜するはずである ③会得する，さとる，わかる
點樣	dim² yöng²	どのようにして，どのように
請	ching²	①雇う

＜請律師ching² löt⁶ si¹＞ 弁護士を雇う

②お願いする，要請する；どうか〜して下さい

幾耐	gei² noi⁶	どのくらいの時間
啫	zhe¹	（軽い反駁の語気詞）〜ですよ
過奬	gwo³ zhöng²	ほめすぎです，おほめにあずかって恐縮です
至	zhi³	①〜してこそ　②極み，至り，至って
怕醜	pa³ chau²	はずかしがる
倒	dou²	（動詞の後にある場合は，その動作が目的に到達ないしは成就したことを表す） 〜し及ぶ，〜しとげる
噉又係嘅	gam² yau⁶ hai⁶ ge²	それもそうです，言うとおりです
點解	dim² gāi²	なぜ，どうして
要	yiu³	必要とする，いる，求める，欲しい
吖嗎	a¹ ma³	（理由を説明するときに用いる語気詞） 〜だから，〜だもの
㗎喇	ga³ la¹	（確認や同意を求めるときに用いる語気詞）〜でしょう
辦法	bān⁶ fat³	方法，やり方
勤力	kan⁴ lik⁶	一所懸命に
讀書	duk⁶ sü¹	勉強する，学問する
放心	fong³ sam¹	安心（する）

A44 【単語をふやそう】

＜国名・地名＞

日本	Yat⁶ bun²	中國	Zhung¹ gwok³
北海道	Bak¹ hoi² dou⁶	北京	Bak¹ ging¹
東京都	Dung¹ ging¹ dou¹	南京	Nam⁴ ging¹
千葉縣	Chin¹ yip⁶ yün⁶	上海	Söng⁶ hoi²
埼玉縣	Kei⁴ yuk⁶ yün⁶	西安	Sai¹ on¹
名古屋	Ming⁴ gwu² nguk¹	廣州	Gwong² zhau¹
京都府	Ging¹ dou¹ fu²	天津	Tin¹ zhön¹
大阪府	Dāi⁶ bān² fu²	杭州	Hong⁴ zhau¹
廣島縣	Gwong² dou² yün⁶	澳門	Ou³ mun²
九州	Gau² zhau¹		

韓國	Hon⁴ gwok³		英國	Ying¹ gwok³	イギリス
泰國	Tāi³ gwok³	タイ	倫敦	Lön⁴ dön¹	ロンドン
越南	Yüt⁶ nām⁴	ベトナム	法國	Fāt³ gwok³	フランス
馬來西亞	Ma⁵ loi⁴ sai¹ a³		巴黎	Ba¹ lai⁴	パリ
		マレーシア	德國	Dak¹ gwok³	ドイツ
印尼	Yan³ nei⁴	インドネシア	柏林	Pāk³ lam⁴	ベルリン
星加坡	Sing¹ ga¹ bo¹	シンガポール	瑞士	Söü⁶ si²	スイス
印度	Yan³ dou⁶	インド	瑞典	Söü⁶ din²	スウェーデン
澳洲	Ou³ zhau¹	オーストラリア	意大利	Yi³ dāi⁶ lei⁶	イタリア
蘇聯	Sou¹ lün⁴	ソ連	羅馬	Lo⁴ ma⁵	ローマ
美國	Mei⁵ gwok³	アメリカ	西班牙	Sai¹ bān¹ nga⁴	スペイン
華盛頓	Wa⁴ sing⁶ dön⁶		墨西哥	Mak⁶ sai¹ go¹	メキシコ
		ワシントン	加拿大	Ga¹ na⁴ dāi⁶	カナダ
紐約	Nau² yök³	ニューヨーク			
三藩市	Sām¹ fān⁴ si⁵	サンフランシスコ	亞洲	A³ zhau¹	アジア
			歐洲	Au¹ zhau¹	ヨーロッパ
檀香山	Tān⁴ höng¹ sān¹	ホノルル	非洲	Fei¹ zhau¹	アフリカ

練 習 問 題

1．下線部を置き換えて練習しなさい。

　1）你識唔識講<u>廣東話</u>呀?　　　　　日本話 yat^6 bun^2 wa^2
　　　　　　　　　　　　　　　　　　英文 ying^1 man^4
　　　　　　　　　　　　　　　　　　普通話 pou^2 tung^1 wa^2

　2）你學咗幾耐呀?　　　　　　　　　三個月 sām^1 go^3 yüt^6
　　　　　　　　　　　　　　　　　　半年 bun^3 nin^4
　　　　　　　　　　　　　　　　　　兩年 löng^5 nin^4

2．次の日本語を広東語に訳しなさい。
　1）あなたはどのようにして日本語を学びましたか？
　2）あなたは上手に話せますね。
　3）あなたはどうして英語を学ばなくてはならないのですか？
　4）もし私が広東語を話すことができなかったら，生活はとても不便になります。
　5）どうぞご安心下さい。

LESSON 10 両替

Wun⁶ chin²
換　錢

B: Ga¹ tang⁴ sin¹ sāng¹, yiu³ chöt¹ höü³ a⁴?
　　加　藤　先　生,　要　出　去　呀?

A: Hai⁶ a³, söng² höü³ wun⁶ di¹ chin².
　　係　呀,　想　去　換　啲　錢。

B: Hai⁶ me¹!　Nei⁵ höü³ ngan⁴ hong⁴ ding⁶ hai⁶ höü³ zhāu²
　　係　咩!　你　去　銀　行　定　係　去　找

　　wun⁶ dim³ a³?
　　換　店　呀?

A: Mat¹ ye⁵ giu³ zhou⁶ zhāu² wun⁶ dim³ ne¹?
　　乜　嘢　叫　做　找　換　店　呢?

B: Hai⁶ si¹ yan⁴ ge³ chin⁴ zhong¹.
　　係　私　人　嘅　錢　莊。

A: Gam², bin¹ chü³ ge³ zhāu² wun⁶ löt⁶ bei² gāu³ hou² ne¹?
　　噉,　邊　處　嘅　找　換　率　比　較　好　呢?

B: Zhāu² wun⁶ löt⁶ zhöü³ hou² ge³ hai⁶ ngan⁴ hong⁴, kei⁴ chi³
　　找　換　率　最　好　嘅　係　銀　行,　其　次

　　zhau⁶ hai⁶ chin⁴ zhong¹.　Zhau² dim³ löü⁵ bin⁶ dou¹ chit³
　　就　係　錢　莊。　　酒　店　裏　便　都　設

　　yau⁵ zhāu² wun⁶ chü³, dān⁶ hai⁶ zhāu² wun⁶ löt⁶ hou² yai⁵.
　　有　找　換　處,　但　係　找　換　率　好　曳。

広東語基本会話

A: Hai⁶ me¹?
係 咩?

B: Bat¹ gwo³ gam¹ yat⁶ hai⁶ lai⁵ bāi³ yat⁶, ngan⁴ hong⁴ yau¹ sik¹.
不 過 今 日 係 禮 拜 日, 銀 行 休 息。

A: Gam², zhan¹ hai⁶ lön⁶ zhön⁶ lāk³.
噉, 眞 係 論 盡 嘞。

B: Yü⁴ gwo² m⁴ hai⁶ wun⁶ hou² do¹, höü³ chin⁴ zhong¹ zhāu²
如 果 唔 係 換 好 多, 去 錢 莊 找

wun⁶ dou¹ m⁴ wui⁵ sit⁶ dak¹ hou² do¹ zhe¹!
換 都 唔 會 蝕 得 好 多 啫!

Ho⁴ fong³ yi⁴ ga¹ Yat⁶ bun² Yen(yün⁴) zhung⁶ gam³ gou¹ tim¹!
何 況 而 家 日 本 Yen(圓) 重 咁 高 添!

A: Gam³ yau⁶ hai⁶ ge³. Gam² ngo⁵ zhau⁶ wun⁶ zhü⁶ ng⁵ mān⁶
咁 又 係 嘅。噉 我 就 換 住 5 萬

Yen(yün⁴) sin¹ la¹.
Yen(圓) 先 啦。

A46 ■NOTE■

換錢	wun⁶ chin²	両替
出去	chöt¹ höü³	外出する, でかける, 出て行く
找換店	zhāu² wun⁶ dim³	両替店
錢莊	chin⁴ zhong¹	両替店
找換率	zhāu² wun⁶ löt⁶	レート
酒店	zhau² dim³	ホテル
裏便	löü⁵ bin⁶	なか(側), うち(側)
但係	dān⁶ hai⁶	しかし, 但し

曳	yai⁵	劣る，悪い
咩	me¹	（疑問の語気詞）～か
休息	yau¹sik¹	休み，休息
論盡	lön⁶ zhön⁶	不便，困った，面倒だ
如果	yü⁴gwo²	もし
蝕	sit⁶	（"貼"とも書く）損する，損失，損益
啫	zhe¹	（肯定,勧告あるいは制限の語気詞）～にすぎない，～だけ
何況	ho⁴ fong³	まして～においてはなおさらである
添	tim¹	さらに，そのうえ
住	zhü⁶	（動詞の後にあるときは動作の持続を表す）～している，ひとまず～する，とりあえず～する

A47

● 常用会話

1. USドルを日本円に両替して下さい。

   M⁴ goi¹ nei⁵ zhöng¹ ni¹ di¹ Mei⁵ gam¹ tung⁴ ngo⁵ wun⁶ Yat⁶
   唔 該 你 將 呢 啲 美 金 同 我 換 日

   bun² Yen(yün⁴) la¹.
   本 Yen(圓) 啦。

2. 今日のレートはいくらですか。

   Gam¹ yat⁶ ge³ zhāu² wun⁶ löt⁶ hai⁶ gei² do¹ ne¹?
   今 日 嘅 找 換 率 係 幾 多 呢?

3. 1USドル130円です。

   Yat¹ Mei⁵ yün⁴ döü³ yat¹ bāk³ sām¹ sap⁶ Yen(Yün⁴).
   一 美 元 兌 一 百 三 十 Yen(圓)。

4. このトラベラーズチェックを現金にしてください。

   Ngo⁵ söng² zhöng¹ ni¹ zhöng¹ löü⁵ hang⁴ zhi¹ piu³ döü³ yin².
   我 想 將 呢 張 旅 行 支 票 兌 現。

5. トラベラーズチェックにサインしてください。
　　M⁴ goi¹ nei⁵ hai² löü² hang⁴ zhi¹ piu³ söng⁶ bin⁶ bui³ chim¹.
　　唔 該 你 喺 旅 行 支 票 上 便 背 簽。

6. パスポートを見せて下さい。
　　Bei² nei⁵ go³ wu⁶ zhiu³ ngo⁵ tai² ha⁵.
　　畀 你 個 護 照 我 睇 吓。

7. 領収書にサインしてください。
　　Hai² sau¹ göü³ söng⁶ bin⁶ chim¹ meng².
　　喺 收 據 上 便 簽 名。

8. 1000 HK ドル札を 100 HK ドル札 9 枚と，10 HK ドル札 10 枚にくずしていただけますか。
　　M⁴ goi¹ nei⁵ zhöng¹ ni¹ zhöng¹ yat¹ chin¹ man¹ zhi² tung⁴
　　唔 該 你 將 呢 張 一 千 文 紙 同
　　ngo⁵ chöng³ gau² zhöng¹ yat¹ bāk³ man¹, tung⁴ māi⁴ yat¹ bāk³
　　我 暢 九 張 一 百 文， 同 埋 一 百
　　man¹ sap⁶ man¹ zhi² la¹.
　　文 十 文 紙 啦。

9. しまった。キャッシュカードを紛失した。
　　Bai⁶ lāk³. Ngo⁵ m⁴ gin³ zho² zhöng¹ yin⁶ gam¹ kāt¹.
　　弊 嘞。我 唔 見 咗 張 現 金 咭。

10. よく探しましたか。
　　Nei⁵ yau⁵ mou⁵ wan² ching¹ cho² a³?
　　你 有 冇 揾 清 楚 呀？

11. 探しましたが，どこにもありません。
　　Wan² gwo³ sāi³ lok³, bin¹ dou⁶ dou¹ mou⁵ ／ m⁴ gin³ zho².
　　揾 過 晒 咯，邊 度 都 冇 ／ 唔 見 咗。

12. 大丈夫です。すぐに再発行の手続きをしてあげます。
　　M⁴ gan² yiu³. Ngo⁵ zhik¹ hak¹ tung⁴ nei⁵ bān⁶ lei⁵ zhoi³ fāt³
　　唔 緊 要。我 即 刻 同 你 辦 理 再 發
　　hong⁴ ge³ sau² zhuk⁶ la¹.
　　行 嘅 手 續 啦。

13. この店ではクレジットカードが使えますか。

    Nei⁵ dei⁶ ni¹ gān¹ pou³ tau² sau¹ m⁴ sau¹ sön³ yung⁶ kāt¹ ne¹?
    你 哋 呢 間 舖 頭 收 唔 收 信 用 咭 呢?

14. どこの会社のカードですか。

    Bin¹ gān¹ gung¹ si¹ ge³ sön³ yung⁶ kāt¹ ne¹?
    邊 間 公 司 嘅 信 用 咭 呢?

15. VISAカードです。

    Hai⁶ VISA sön³ yung⁶ kāt¹.
    係 VISA 信 用 咭。

MEMO ･･････････････････････････････ 香港の通貨と金銭の数え方

① 通貨単位は香港ドル（HK＄）で，7種類の貨幣（1，2，5HK＄と5，10，20，50HK￠）と6種類の紙幣（10，20，50，100，500，1000HK＄）が，香港上海滙豐銀行，香港渣打銀行，中国銀行香港分行から発行されている。

広東語基本会話

A48 ② 金銭の数え方

你有幾多錢呀? Nei⁵ yau⁵ gei² do¹ chin² a³?

0.01HK$	一個仙	yat¹ go³ sin¹
0.02HK$	兩個仙	löng⁵ go³ sin¹
0.05HK$	五個仙	ng⁵ go³ sin¹
	斗零	dau² ling²
0.10HK$	一毫子	yat¹ hou⁴ zhi²
0.20HK$	兩毫子	löng⁵ hou⁴ zhi²
0.50HK$	五毫子	ng⁵ hou⁴ zhi²
1.00HK$	一文	yat¹ man¹
1.10HK$	個一	go³ yat¹
1.50HK$	個半	go³ bun³
2.20HK$	兩個二	löng⁵ go³ yi⁶
3.30HK$	三個三	sām¹ go³ sām¹
4.50HK$	四個半	sei³ go³ bun³
5.56HK$	五個五毫六	ng⁵ go³ ng⁵ hou⁴ luk⁶
6.67HK$	六個六毫七	luk⁶ go³ luk⁶ hou⁴ chat¹
9.90HK$	九個九	gau² go³ gau²
10.00HK$	十文	sap⁶ man¹
20.00HK$	二十文	yi⁶ sap⁶ man¹
21.22HK$	二十一個二毫二	yi⁶ sap⁶ yat¹ go³ yi⁶ hou⁴ yi⁶
45.63HK$	四十五個六毫三	sei³ sap⁶ ng⁵ go³ luk⁶ hou⁴ sām¹
79.07HK$	七十九個銀錢零七個仙	chat¹ sap⁶ gau² go³ ngan⁴ chin² ling⁴ chat¹ go³ sin¹
100.00HK$	一百文	yat¹ bāk³ man¹

A49 MEMO ·················· 金銭に関するスラング

水	söü²	金銭, お金
大餅	dāi⁶ bing²	1 HK$コイン
青蟹	cheng¹ hāi⁵	10 HK$紙幣

LESSON 10

紅底	hung⁴ dai²	100 H K $ 紙幣
紅衫魚	hung⁴ sām¹ yü²	100 H K $ 紙幣
大牛	dāi⁶ ngau⁴	500 H K $ 紙幣
陀背佬	to⁴ bui³ lou²	500 H K $ 紙幣
一條嘢	yat¹ tiu⁴ ye⁵	10 H K $
一嚿水	yat¹ gau⁶ söü²	100 H K $
一撇水	yat¹ pit³ söü²	1.000 H K $
一棟水	yat¹ dung³ söü²	1.000 H K $
一盤水	yat¹ pun⁴ söü²	10.000 H K $
一粒嘢	yat¹ lap¹ ye⁵	10.000 H K $

練 習 問 題

1．下線部を置き換えて練習しなさい。

1) 噉我就換住 5 萬 Yen（圓）先啦。　　十一萬 sap⁶ yat¹ mān⁶
　　　　　　　　　　　　　　　　　　二十萬 yi⁶ sap⁶ mān⁶
　　　　　　　　　　　　　　　　　　三十萬 sām¹ sap⁶ mān⁶

2) 唔該你將呢啲美金同我換日本 Yen 啦。港紙 gong² zhi²
　　　　　　　　　　　　　　　　　　　人民幣 yan⁴ man⁴ bai⁶

2．次の日本語を広東語に訳しなさい。
 1) 香港ドルを日本円に両替してください。
 2) 銀行はどこですか？
 3) どこで両替できますか？
 4) キャッシュカードをなくしてしまいました。
 5) この千ＨＫドルを百ＨＫドルにくずして下さい。

LESSON 11

ヤムチャ

Yam² cha⁴
飲　茶

[A50] A: Wai³, Ga¹ tang⁴ sin¹ sāng¹, hei² san¹!
喂，加　藤　先　生，起　身!

B: Nei⁵ gam³ zhou² hei² san¹, yi⁴ ga¹ mat¹ ye⁵ si⁴ hau⁶ la¹?
你　咁　早　起　身，而　家　乜　嘢　時　候　啦?

(Yi⁴ ga¹ gei² dim² zhung¹?)
(而　家　幾　點　鐘?)

A: M⁴ zhou² la¹, yi⁴ ga¹ sap⁶ yat¹ dim² bun³ la¹.
唔　早　啦，而　家　十　一　點　半　啦。

B: Wa⁴, gam³ ngān³ ga³ lāk³.
嘩，咁　晏　喫　嘞。

A: Hai⁶ lo¹, ngo⁵ dei⁶ höü³ sik⁶ ngān³ (zhau³), hou² m⁴ hou² a³?
係　囉，我　哋　去　食　晏　(晝)，好　唔　好　呀?

B: Hou², ngo⁵ dei⁶ höü³ bin¹ sü³ hou²?
好，我　哋　去　邊　處　好?

A: Nei⁵ lai⁴ Höng¹ gong² zhi¹ hau⁶, höü³ gwo³ yam² cha⁴ mei⁶ a³?
你　嚟　香　港　之　後，去　過　飲　茶　未　呀?

B: Ngo⁵ mei⁶ höü³ gwo³.
我　未　去　過。

A: Gam², gam¹ yat⁶ ngān³ zhau³ ngo⁵ dei⁶ höü³ yam² cha⁴ la¹.
　　噉，今 日 晏 晝 我 哋 去 飲 茶 啦。

B: Hou².
　　好。

A: Go² gān¹ cha⁴ lau⁴ hou² m⁴ hou²?
　　嗰 間 茶 樓 好 唔 好?

B: Hou².
　　好。

C: Sin¹ sāng¹, gei² wai² a³?
　　先 生，幾 位 呀?

A: Löng⁵ wai².
　　兩 位。

C: Nei⁵ dei⁶ ho² yi⁵ cho⁵ bāt³ hou⁶ toi².
　　你 哋 可 以 坐 八 號 檯。

A: Hou², m⁴ goi¹.
　　好，唔 該。

A: Nei⁵ zhung¹ yi³ yam² mat¹ ye⁵ cha⁴ a³?
　　你 中 意 飲 乜 嘢 茶 呀?

B: Ngo⁵ m⁴ hai⁶ gei² sik¹, kau⁴ kei⁴ la¹.
　　我 唔 係 幾 識，求 其 啦。

C: Sin¹ sāng¹, yam² mat¹ ye⁵ cha⁴?
　　先 生，飲 乜 嘢 茶?

A: Yiu³ höng¹ pin² la¹.
　　要 香 片 啦。

C: Sin¹ sāng¹, giu³ di¹ mat¹ ye⁵ sik⁶ a³?
先 生，叫 啲 乜 嘢 食 呀?

A: Bei² go³ choi³ pāi² lai⁴ tai⁵ ha⁵ sin¹.
畀 個 菜 牌 嚟 睇 吓 先。

C: Sin¹ sāng¹, choi³ pāi² hai² dou⁶.
先 生，菜 牌 喺 度。

A: Ga¹ tang⁴ sin¹ sāng¹ söng² sik⁶ di¹ mat¹ ye⁵ a³?
加 藤 先 生 想 食 啲 乜 嘢 呀?

B: Mou⁵ so² wai⁶, mat¹ ye⁵ dou¹ dak¹.
冇 所 謂，乜 嘢 都 得。

A: Nei⁵ sik⁶ gwo³ ha¹ gāu², cha¹ siu¹ bāu¹ mei⁶ a³?
你 食 過 蝦 餃，叉 燒 包 未 呀?

B: Ngo⁵ zhung⁶ mei⁶ sik⁶ gwo³.
我 重 未 食 過。

A: M⁴ goi¹ sin¹ sāng¹, yiu³ löng⁵ lung⁴ ha¹ gāu², yat¹ lung⁴ siu¹
唔 該 先 生，要 兩 籠 蝦 餃，一 籠 燒

māi², tung⁴ māi⁴ yat¹ dip² pāi⁴ gwat¹ la¹.
賣，同 埋 一 碟 排 骨 啦。

C: Hou².
好。

A: Si³ ha⁵ la¹. Ni¹ dou⁶ di¹ ye⁵ gei² hou² sik⁶ ga³.
試 吓 啦。呢 度 啲 嘢 幾 好 食 㗎。

B: Hai⁶ wo³. Ni¹ dou⁶ ge³ dim² sam¹ zhan¹ hai⁶ hou² sik⁶.
係 喎。呢 度 嘅 點 心 真 係 好 食。

A: Nei⁵ sik⁶ do¹ di¹ la¹.
你 食 多 啲 啦。

B: M⁴ yiu³ lāk³. Ngo⁵ sik⁶ bāu² lāk³.
   唔 要 嘞。我 食 飽 嘞。

A: M⁴ goi¹ siu² zhe² māi⁴ dān¹.
   唔 該 小 姐 埋 單。

D: Do¹ zhe⁶, ng⁵ a⁶ ng⁵ go³ bun³.
   多 謝，五 呀 五 個 半。

B: Ni¹ chi³ ngo⁵ yiu³ ching² nei⁵ bo³.
   呢 次 我 要 請 你 嚕。

A: Ngo⁵ dei⁶ hai⁶ hou² pang⁴ yau⁵, m⁴ sai² hāk³ hei³.
   我 哋 係 好 朋 友，唔 使 客 氣。

Ni¹ sü³ luk⁶ sap⁶ man¹, m⁴ sai² zhāu² lāk³.
呢 處 六 十 文，唔 使 找 嘞。

D: Do¹ zhe⁶.
   多 謝。

A51 ■ NOTE ■

喂	wai³	①（よびかけの感嘆詞）おい
		②（電話でのよびかけ）もしもし
起身	hei² san¹	起床（する）
咁	gam³	このような，こんなにも
早	zhou²	早い
而家	yi⁴ ga¹	現在，今
時候	si⁴ hau⁶	時
啦	la¹	（命令、請求、許可、同意、推測、疑問等の）語気詞
嘩	wa⁴	（感嘆、贊嘆の感嘆詞）わー，あー
晏	ngān³	①おそい ②昼 ③昼食
晏晝	ngān³ zhau³	①昼，昼間 ②昼食

広東語基本会話

㗎嘞	ga³ lāk³	（疑問、意外な出来事の発生等の）語気詞。～のか
未	mei⁶	（動作・状態が完了していないことを示す）まだ～ない
囉	lo¹	（反詰，非難，呼びかけの）語気詞
去	höü³	行く
嚟	lai⁴	来る
過	gwo³	①通過する，過ぎる ②（過去の経験を示す）～したことがある ③（比較を表す）～より
茶樓	cha⁴ lau⁴	中国式レストラン
檯	toi²	テーブル，卓
中意	zhung¹ yi³	好む，好き，気にいる
求其	kau⁴ kei⁴	随意（である），都合しだい（である）
勿所謂	mou⁵ so² wai⁶	どちらでもよい，こだわらない
香片	höng¹ pin²	ジャスミン茶
叫	giu³	①よぶ ②～させる ③注文する，取りよせる
畀	bei²	①あげる，やる，もらう ②～に～される
菜牌	choi³ pāi²	メニュー
睇	tai²	見る
吓	ha⁵	（動詞の後につく場合は）ちょっと～する
先	sin¹	先に
食	sik⁶	①食べる ②食物，食事
喺度	hai² dou⁶	（場所に人/物が存在するの意で）いる，ある
蝦餃	ha¹ gāu²	エビ餃子
叉燒包	cha¹ siu¹ bāu¹	チャーシュー入りのまんじゅう
籠	lung⁴	①（量詞）ひとせいろ ②籠，せいろ

LESSON 11

同埋	tung^4 māi^4	～と
排骨	pāi^4 gwat^1	骨つき肉
試吓	si^3 ha^5	ちょっと試してみる
㗎	ga^3	（確認の）語気詞
點心	dim^2 sam^1	（お茶と一緒に食す）点心
飽	bāu^2	腹一杯になる
埋單	māi^4 dān^1	お勘定
多謝	do^1 zhe^6	ありがとう
呢次	ni^1 chi^3	今回，今度
請	ching^2	おごる，招待する（☞ p.92 NOTE）
朋友	pang^4 yau^5	友達
文	man^1	ドル（"蚊"と書くときもある）
唔使	m^4 sai^2	いらない，～する必要ない
找	zhāu^2	①お釣りを出す　②さがす
噃	bo^3	（話を取り次いで相手につたえるとか，相談、希求、注意を与え思い出させるとかの）語気詞
嘞	lāk^3	（完了、断定、安心の）語気詞

A52 【単語をふやそう】

＜色彩用語＞

紅色	hung^4 sik^1　（あか）	灰色	fui^1 sik^1	
黃色	wong^4 sik^1	褐色	hot^3 sik^1	
黑色	hak^1 sik^1	橙色	chāng^2 sik^1　（オレンジ色）	
青色	cheng^1 sik^1	咖啡色	ga^3 fe^1 sik^1　（コーヒー色）	
藍色	lām^4 sik^1	粉紅色	fan^2 hung^4 sik^1（ピンク）	
白色	bāk^6 sik^1	金色	gam^1 sik^1	
紫色	zhi^2 sik^1	銀色	ngan^4 sik^1	
綠色	luk^6 sik^1			

練 習 問 題

1．下線部を置き換えて練習問題しなさい。
　1）眞係<u>好食</u>。　　　好睇 hou² tai²
　　　　　　　　　　　好靚 hou² leng³
　　　　　　　　　　　好飲 hou² yam²

　2）我中意飲<u>香片</u>。　烏龍茶 wu¹ lung⁴ cha⁴
　　　　　　　　　　　普洱 pou² lei²
　　　　　　　　　　　龍井 lung⁴ zheng²

2．次の日本語を広東語に訳しなさい。
　1）本当に少ない。
　2）あなたは広州にきてからヤムチャに行ったことがありますか。
　3）私はあまりよく知りません。
　4）まずメニューを見せて下さい。
　5）あなたは何色が好きですか？（色："顔色 ngān⁴ sik¹"）

飲茶 yam² cha⁴ [ヤムチャ]のすすめ

グルメブームで今やすっかり有名になった"飲茶"（ヤムチャ）。香港人の朝はこの"飲茶"から始まる。広州で生まれ，香港で洗練されたこの食文化は，ただお茶と点心の単純な組み合わせながら，数百種類のメニューを誇るところも有り，その奥は深いと言える。そんな訳で，君も香港に行ったら一度は"飲茶"に行ってみよう！　きっとファンになる筈だから。ここでは"飲茶"学入門として基礎知識を学ぼうではないか。

1．時間…"飲茶"の時間は朝7時頃から午後の2時頃までが普通。
2．場所…"酒樓"，"茶樓"，各ホテルなど至るところ有り。
3．お茶…"飲茶"をしに"茶樓"へ入って行く。すぐにウエイターがとんできて席に案内してくれる（但し，すいていたら）。そして以下のような会話となる。

    A: $Gei^2\ wai^2\ a^3$?
       幾　位　呀?

    B: $Sām^1\ wai^2$!
       三　位!

    A: $Sām^1\ wai^2\ ching^2\ ni^1\ bin^6\ a^1$!　　$Ching^2\ cho^5$!
       三　位　請　呢　便　吖!　　請　坐!

    B: $M^4\ goi^1$!
       唔　該!

    A: $Yam^2\ mat^1\ ye^5\ cha^4$?
       飲　乜　嘢　茶?

    A：何名様ですか？
    B：三人！
    A：三名様こちらへ！　おかけ下さい！
    B：どうも！
    A：どのお茶になさいますか？

さて，"飲茶"であるから当然まずお茶の注文から始まる。お茶の種類はたくさん有るが，君の好みのお茶は？

普洱	pou² lei²
壽眉	sau⁶ mei²
水仙	söü² sin¹
龍井	lung⁴ zheng²
香片	höng¹ pin²
鐵觀音	tit³ gwun¹ yam¹
六安	luk⁶ on¹
荔枝茶	lai⁶ zhi¹ cha⁴
七子茶	chat¹ zhi² cha⁴
菊普	guk¹ pou²

好みのお茶が決まったらウエイターに，"水仙"なら"水仙"と一言いえばそれでよいし，以下のような表現方法も試してみよう。

"要水仙啦! Yiu³ sou² sin¹ la¹!"

"唔該你嚟一壺水仙啦! M⁴ goi¹ nei⁵ lai⁴ yat¹ wu⁴ söü² sin¹ la¹!"

"唔該你整壺水仙啦! M⁴ goi¹ nei⁵ zhing² wu⁴ söü² sin¹ la¹!"

"幫我開一壺水仙吖! Bong¹ ngo⁵ hoi¹ yat¹ wu⁴ söü² sin¹ a¹!"

やがてウエイターが"茶壺"（ポット）を運んできてくれる。後は同席者同士で気配りしあい，相客の"茶杯"が空になったら，すぐにつぎ足してやるのが"飲茶"のマナー。このときついで貰った方は"叩頭"の礼（とはいっても指先でテーブルの上をコツコツと叩くだけ）を返すのがマナー。

お茶が切れたら，ポットの蓋を少しずらしておく。そうすればウエイターが目ざとく見つけ熱湯をさしに来る。

飲茶のすすめ

　そうこうしているうちに"點心"を山と積んだ"車仔 che^1 zhai^2"（ワゴン）がやってくる。さあなにから食べようか。

4．"點心"…"點心"には，シューマイや春巻といったおかず風メニューの"鹹點"と甘いデザート類の"甜點"に大別することが出来る。代表的な幾つかを紹介してみよう。

a．"鹹點"類

蝦餃	ha^1 gāu^2	エビ入り蒸しギョーザ
燒賣	siu^1 māi^2	シューマイ
豉汁排骨	si^6 zhap^1 pāi^4 gwat^1	浜納豆とスペアリブ
叉燒包	cha^1 siu^1 bāu^1	チャーシュー入りの肉マン
鮮竹卷	sin^1 zhuk^1 gün^2	肉や野菜の湯葉巻き
芋角	wu^6 gok^2	肉入り里芋コロッケ
糯米鶏	no^6 mai^5 gai^1	鶏肉，しいたけの入ったもち米の蒸したもの
春卷	chön^1 gün^2	春巻
山竹牛肉	sān^1 zhuk^1 ngau^4 yuk^6	牛肉のミンチを蒸したもの
豉汁鳳爪	si^6 zhap^1 fung^6 zhāu^2	ニワトリの爪先を煮たもの

b. "甜點"類

蛋撻	dān⁶ tāt¹	カスタード・クリーム入りのお菓子。エッグタルト
糯米糍	no⁶ mai⁵ chi⁴	あん入りのもち
紅豆沙	hung⁴ dau² sa¹	広東風のしるこ
芝蔴糊	zhi¹ ma⁴ wu²	すり胡麻のあまいスープ
馬拉糕	ma⁵ lāi¹ gou¹	広東風のあまい蒸しパン

5．その他…"車仔"には麺飯類は積んでいないので，焼きそばやチャーハンが食べたいときは"菜牌"（メニュー）をみてべつに注文すればよい。

　さあ，満腹になった。残るは支払いだ。"埋單"と叫べばウエイターが"毛巾"（おしぼり）をもって飛んで来る。多少のチップを置き"茶樓"をあとにする。美味しいものを食べた後は気分も最高！

三樓　三期　三樓
點美期星室茶羽陸
新曆三月廿六日至四月一日（各式美點供應至下午六時止）（另加一號服務費）

鹹品

上湯鮮蝦餃	鮮竹牛肉片	鷄絲荷葉飯	脯魚燒賣兒	西施蝦餃角	叉燒餐肉飽	家鄉鹹水角	滑油鮮蝦腸粉	淡水鮮蝦餃	白菌滑鷄飽
雲腿鹹水角	鹹水焗腰	柱侯蒸排骨	釀猪膶燒賣	鮮牛肉燒賣					
煎粉菓	鮮蝦薄餅	五柳脆雲吞	五彩靑椒湯	韮王蝦餃					

飯麵小食

| 紅燒大包翅 | 叉燒撈麵 | 上湯水餃 | 上湯肥鷄絲飯 | 焗排骨飯 | 焗肥鷄飯 | 焗班粒飯 | 京果拔絲飯 | | |

甜品

| 蓮蓉香粽 | 杭仁黃拉糕 | 鮮奶馬蹄糕 | 紅荳沙晶餃 | 湘蓮合桃露 | 椰汁蔴茸角 | 菓子香麻糕 | 香杭忌廉堆 | 鮮奶批 | 眉豆酥鷄蛋撻 |
| 山楂雪酥餃 | 菠蘿焗蛋夾 | 奶油蓉餅 | 蓮子露 | | | | | | |

LESSON 12

ショッピング(1)

Māi⁵　　　ye⁵
買　　嘢 (1)

A53 A: Zhou² san⁴ a³ tāi³ tāi²! Gam¹ yat⁶ sik⁶ m⁴ sik⁶ yü² a³?
　　早　晨　呀　太　太！今　日　食　唔　食　魚　呀？

　　Di¹ yü² hou² san¹ sin¹.
　　啲　魚　好　新　鮮。

B: Zhou² san⁴, gam¹ yat⁶ sek⁶ bān¹ yü² dim² māi⁶ a³?
　　早　晨，今　日　石　斑　魚　點　賣　呀？

A: Löng⁵ go³ ngan⁴ chin² yat¹ löng⁵.
　　兩　個　銀　錢　一　兩。

B: Wa⁴! Dou¹ gei² gwai³ bo³.
　　嘩！都　幾　貴　噃。

A: M⁴ sün³ gwai³ lok³, di¹ yü² san¹ sin¹ a¹ ma³!
　　唔　算　貴　咯，啲　魚　新　鮮　吖　嗎！

B: M⁴ goi¹ nei⁵ tung⁴ ngo⁵ ching³ ha⁵ go² tiu⁴ yü² yau⁵ gei²
　　唔　該　你　同　我　秤　吓　嗰　條　魚　有　幾

　　chung⁵ la¹!
　　重　啦！

A: Hou² a³! …… cha¹ siu² siu² zhau⁶ yat¹ gan¹, sau¹ siu² nei⁵
　　好　呀！……差　少　少　就　一　斤，收　少　你

　　yat¹ man¹ la¹, sa¹ yat¹ man¹ la¹!
　　一　文　啦，卅　一　文　啦！

113

B: Wai³, nei⁵ ching³ gau³ zhi³ hou² bo³!　　Sām¹ sap⁶ la¹!
　　喂，你　秤　夠　至　好　噃!　　　三　十　啦!

　　Dak¹　m⁴　dak¹　a³?
　　得　　唔　　得　　呀?

A: Nei⁵ si⁴ si⁴ bong¹ chan³ ngo⁵, ngo⁵ m⁴ wui⁵ ak¹ nei⁵ ching³
　　你　時　時　幫　襯　我，我　唔　會　呃　你　秤

　　ge³, nei⁵ fong³ sam¹ la¹!
　　嘅，你　放　　心　　啦!

[A54] ■NOTE■

石斑魚	sek⁶ bān¹ yü²	（魚の名）アカハタ・アオハタなど
點賣	dim² māi⁶	いくらで（どういう風に）売っているか；おいくらですか？
貴	gwai³	（値が）高い
唔算	m⁴ sün³	数えない，問題にしない，というほどでもない
咯	lok³	（提議，反問の）語気詞
吖嗎	a¹ ma³	（強調の）語気詞
唔該	m⁴ goi¹	ありがとう，どうも，すみません
同	tung⁴	～のかわりに，～と～
秤	ching³	はかる
差少少	cha¹ siu² siu²	だいたいおなじ，大差ない
够	gau³	足りる，十分である，十分に～である
至	zhi³	～してこそ～だ，それでこそ，最も
時時	si⁴ si⁴	常に，いつも
幫襯	bong¹ chan³	ご愛顧（いただく）
唔會	m⁴ wui⁵	ありえない，～のはずがない，できない
呃	ak¹	騙す
收	sau¹	受け取る，収める

A55

● 常用表現

1. もう少し安いのはありませんか？
  Yau⁵ mou⁵ peng⁴ di¹ ga³?
  有 冇 平 啲 㗎?

2. おいくらですか？
  Yiu³ gei² do¹ chin² ne¹?
  要 幾 多 錢 呢?

3. まず見てみたいと思いますがよろしいですか？
  Ngo⁵ söng² tai² ha⁵ sin¹, dak¹ m⁴ dak¹?
  我 想 睇 吓 先, 得 唔 得?

4. レシートは要りますか？
  Nei⁵ yiu³ m⁴ yiu³ sau¹ göü³?
  你 要 唔 要 收 據?

5. 少し値引きして下さい。
  Gai³ peng⁴ di¹ la¹!
  計 平 啲 啦!

6. どうしてこんなに（値段が）高いの？
  Mat¹ gam³ gwai³ ga³?
  乜 咁 貴 㗎?

7. これは小さすぎます，もっと大きいのはないですか？
  Ni¹ döü³ sai³ dak¹ zhai⁶, zhung⁶ yau⁵ mou⁵ dāi⁶ di¹ ge³ ne¹?
  呢 對 細 得 滯, 重 有 冇 大 啲 嘅 呢?

8. 全部で50ドルです。
  Hām⁶ ba(ng)⁶ lāng⁶ ng⁵ sap⁶ man¹.
  喊 嗙 唥 五 十 文。

広東語基本会話

MEMO .... 広東語度量衡対照表

	中国式	メートル法	英国式ヤード・ポンド法
長さ			
	1分 fan¹ (10厘lei⁴)	0.333厘米 lei⁴ mai⁵ (cm)	
	1寸 chün³ (10分)	3.3333厘米 (cm)	1.3123英寸 ying¹ chün³
	1尺 chek³ (10寸)	0.3333米 mai⁵ (m)	1.0936英尺 ying¹ chek³
	1丈 zhöng⁶ (10尺)	3.3333米 (m)	3.6454碼 ma⁵
	1里 lei⁵ (150丈)	0.5公里 gung¹ lei⁵ (km)	0.3107英里 ying¹ lei⁵
面積・地積			
	1平方尺 ping⁴ fong¹ chek³	0.1111平方米 (m²)	1.1960平方英尺
	1平方丈 ping⁴ fong¹ zhöng⁶	11.1111平方米 (m²)	13.288平方碼
	1平方里 ping⁴ fong¹ lei⁵	0.2500平方公里 (km²)	0.0965平方英里
	1分 (6平方丈)	66.6666平方米 (m²)	79.7328平方碼
	1畝 mau² (10分)	6.6666公畝 (a)	0.1647英畝
	1頃 king² (100畝)	6.6666公頃 (ha)	16.4737英畝
体積・容積			
	1立方尺 lap⁶ fong¹ chek³	0.0370立方米 (m³)	1.3080立方英尺
	1立方丈 (100尺)	37.0370立方米 (m³)	1308立方英尺
	1合 hap⁶	1毫升 hou⁶ sing¹	0.1760品脱 ban² tüt³ (pt)
	1升 sing¹ (10合)	1升 (ℓ)	0.2200加侖 ga¹ lön²
	1斗 dau² (10升)	10升 (ℓ)	2.1997加侖
	1石 sek⁶ (10斗)	100 (ℓ)	2.749蒲式耳 pou⁴ sik¹ yi⁵
重さ			
	1錢 chin²	5克 hak¹ (g)	0.1764安士 on¹ si² (oz)
	1兩 löng² (10錢)	50克 (g)	1.7637安士 (oz)
	1斤 gan¹ (10兩)	0.5公斤 (kg)	1.1023磅 bong⁶
	1擔 dām³ (100斤)	0.5公擔 (t)	110.2310磅

[註] 香港における度量衡の言い方はなかなか複雑である。英国領であるため英制度のポンド・ヤード法はもちろん,中国の伝統的な言い方も今なおよく使われている。しかも新旧入り混じっているので注意を要する。例えば,新制では1兩は50g,10兩で1斤となるが,旧制では31.25gであり,16兩で1斤となる。したがって,半斤は8兩であるから"半斤八兩"(似たり寄ったり,五分五分)なんて言う言葉も有るわけだ。漢方薬の処方などでは,現在でも旧制が用いられている。

LESSON 12

練 習 問 題

1．次の会話の空欄に1)〜4)をそれぞれ入れて練習しなさい。

    A: 幾多錢一個?
    B: ＿＿＿＿。　　1) 100文
                       2) 36文
                       3) 79文
                       4) 235文

2．次の日本語を広東語に訳しなさい。
 1) もう少し高いのはありませんか？
 2) これは大きすぎます，もっと小さいのはありませんか？
 3) 全部で70ドルです。
 4) レシートは要りません。
 5) エビ（"蝦 ha^1"）はいくらで（どういう風に）売っていますか？

●値札やメニューでよく見かけるのが蘇州碼字（そしゅうまじ）。数字を表わす独特の文字だ。これをおぼえればショッピングの楽しさが増すこと請け合いだ！

1	2	3	4	5	6	7	8	9	10
〡	〢	〣	Ⅹ	〥	上	上	三	夂	十

5HKドル：〥元
2.5HKドル：〢〥元
25HKドル：〢〥十元
225HKドル：〢〢〥百十元

●値段は左上からタテに読んでいく。たとえば2.5ドルなら2，元，5と読む。

LESSON 13　　　　　　　　　　ショッピング(2)

_{A56}

買　嘢 (2)
Māi⁵　ye⁵

A: Siu² zhe², yau⁵ di¹ mat¹ ye⁵ söng² yiu³ a³?
　　小 姐， 有 啲 乜 嘢 想 要 呀?

B: Söng² māi⁵ di¹ siu² lai⁵ mat⁶, ning¹ fān¹ höü³ Yat⁶ bun² sung³
　　想 買 啲 小 禮 物， 擰 返 去 日 本 送

　　bei² pang⁴ yau⁵.
　　畀 朋 友。

A: Gam², ni¹ di¹ chau¹ sa¹ ge³ sau² gan¹ zhai² tung⁴ māi⁴ siu²
　　噉， 呢 啲 抽 紗 嘅 手 巾 仔 同 埋 小

　　sik¹ mat⁶, nei⁵ ying⁶ wai⁴ dim² yöng² ne¹?
　　飾 物， 你 認 為 點 樣 呢?

　　Nei⁵ ngām¹ zhau⁶ gai³ nei⁵ peng⁴ di¹ la¹!
　　你 啱 就 計 你 平 啲 啦!

B: Ngo⁵ ying⁶ wai⁴ dou¹ m⁴ cho³, gam³ nei⁵ bei² ng⁵ tiu⁴ sau²
　　我 認 為 都 唔 錯， 咁 你 畀 五 條 手

　　gan¹ zhai², ng⁵ go³ siu² sik¹ mat⁶ gwo³ ngo⁵ la¹, m⁴ goi¹ nei⁵
　　巾 仔， 五 個 小 飾 物 過 我 啦, 唔 該 你

　　tung⁴ ngo⁵ bāu¹ hou² di¹ bo³.
　　同 我 包 好 啲 噃。

A: Zhau⁶ gam³ sau¹ nei⁵ sām¹ sap⁶ man¹ la¹!
　　就 咁 收 你 三 十 文 啦!

B: Ngo⁵ bong¹ nei⁵ māi⁵ gam³ do¹ ye⁵, dou¹ m⁴ sau¹ ngo⁵ peng⁴ di¹!
我 幫 你 買 咁 多 嘢，都 唔 收 我 平 啲!

A: Ngo⁵ yi⁵ ging¹ da² zho² go³ bāt³ zhit³ bei² nei⁵ ga³ la¹, zhung⁶ wa⁶ m⁴ peng⁴ a³!
我 已 經 打 咗 個 八 折 畀 你 㗎 啦，重 話 唔 平 呀!

B: Hou² lāk³, ni¹ chü³ ng⁵ sap⁶ man¹.
好 嘞，呢 處 五 十 文。

A: Zhāu² fān¹ yi⁶ sap⁶ man¹, do¹ zhe⁶.
找 翻 二 十 文，多 謝。

Zhung⁶ yiu³ di¹ mat¹ ye⁵ tim¹?
重 要 啲 乜 嘢 添?

B: M⁴ goi¹ nei⁵ lo² go² gin⁶ T¹ söt¹ bei² ngo⁵ tai² ha⁵!
唔 該 你 攞 嗰 件 T 恤 畀 我 睇 吓!

A: Gam² nei⁵ wa⁶ ni¹ gin⁶ dim² ne¹? Ni¹ gin⁶ peng⁴ gwo³ go² gin⁶.
噉 你 話 呢 件 點 呢? 呢 件 平 過 嗰 件。

B: Ngām¹ ngām¹ hou², zhau⁶ māi⁵ köü⁵ la¹.
啱 啱 好，就 買 佢 喇。

A57 ■NOTE■

禮物	lai⁵ mat⁶	贈り物
擰	ning¹	（手に）取る，持つ，手にする
返去	fān¹ höü³	帰って行く
抽紗	chau¹ sa¹	抜きかがり刺繡，レース
手巾仔	sau² gan¹ zhai²	ハンカチ
小飾物	siu² sik¹ mat⁶	アクセサリー
啱	ngām¹	気にいる，気が合う，フィットする
認爲	ying⁶ wai⁴	〜と考えられる；考え
唔錯	m⁴ cho³	かなりよい，間違いがない
打折	da² zhit³	割引をする（"打八折"ならば2割引となる）
找翻	zhāu² fān¹	つり銭を返す
攞	lo²	取る
T恤	T¹ söt¹	Tシャツ，"恤"は shirt の音訳
畀	bei²	①〜に，②あげる，もらう，やる
過	gwo³	①（比較を表し）〜より ②（動詞の後や間接目的語の前にある場合は）与える，やる，あげる
啱啱	ngām¹ ngām¹	ちょうど

文法ノート

● 比較文の作り方

比較文は「A＋形容詞＋過＋B」の形式をとる言い方が普通である。たとえば，

　　我大過你。　Ngo⁵ dāi⁶ gwo³ nei⁵.
　　　私は君より大きい。

　　今日暖過噚日。　Gam¹ yat⁶ nün⁵ gwo³ kam⁴ yat⁶.
　　　今日は昨日より暖かい。

LESSON 13

A58【単語をふやそう】

<野菜・果物類>

米	米	mai^5
〃	大米	dāi^6 mai^5
〃	白米	bāk^6 mai^5
もち米	糯米	no^6 mai^5
小麦	小麥	siu^2 mak^6
とうもろこし	粟米	suk^1 mai^5
ジャガイモ	薯仔	sü^4 zhai^2
サツマイモ	蕃薯	fān^1 sü^2
(青物)野菜	青菜	cheng^1 choi^3
大根	蘿蔔	lo^4 bāk^6
にんじん	紅蘿蔔	hung^4 lo^4 bāk^6
トマト	蕃茄	fān^1 ke^2
キャベツ	椰菜	ye^4 choi^3
セロリ	芹菜	kan^4 choi^3
レタス	生菜	sāng^1 choi^3
ブロッコリー	芥蘭	gāi^3 lān^2
クレソン	西洋菜	sai^1 yöng^4 choi^3
マッシュルーム	蘑菇	mo^4 gwu^1
ピーマン	青椒	cheng^1 zhiu^1
グリーンピース	青豆	cheng^1 dau^2
コエンドロ(中国パセリ)	芫茜	yün^4 sai^1
なす	矮瓜	ngai^2 gwa^1
きゅうり	青瓜	cheng^1 gwa^1
ねぎ	葱	chung^1
玉ねぎ	洋葱	yöng^4 chung^1
かぼちゃ	南瓜	nām^4 gwa^1
〃	蕃瓜	fān^1 gwa^1
小豆	紅豆	hung^4 dau^2
にんにく	蒜頭	sün^1 tau^4
にら	韮菜	gau^2 choi^3

広東語基本会話

しょうが	薑	göng¹
竹の子	竹筍	zhuk¹ sön²
里芋	芋頭	wu⁶ tau²
もやし	芽菜	nga⁴ choi³
らっかせい	花生	fa¹ sang¹
ごま	芝蔴	zhi¹ ma⁴
しいたけ	冬菇	dung¹ gwu¹
果物	生果	sang¹ gwo²
いちご	士多啤梨	si⁶ do¹ be¹ lei²
オリーブ	沙欖	sa¹ lam²
オレンジ	橙	chang²
柿	燂柿	nam⁴ chi²
栗	栗子	löt⁶ zhi²
くるみ	合桃	hap⁶ tou⁴
すいか	西瓜	sai¹ gwa¹
すもも	李仔	lei² zhai²
もも	桃	tou²
りんご	蘋果	ping⁴ gwo²
バナナ	香蕉	höng¹ zhiu¹
パイナップル	菠蘿	bo¹ lo⁴
パパイヤ	木瓜	muk⁶ gwa¹
マンゴー	芒果	mong¹ gwo²
りゅうがん	龍眼	lung⁴ ngan²
レイシ	荔枝	lai⁶ zhi¹
なし	雪梨	süt³ lei⁴
洋なし	啤梨	be¹ lei²
ぶどう	菩提子	pou⁴ tai⁴ zhi²
レモン	檸檬	ning⁴ mung¹
なつめ	棗	zhou²
ドリアン	榴槤	lau⁴ lin⁴
びわ	枇杷果	pei⁴ pa⁴ gwo²
さくらんぼ	車厘子	che¹ lei⁴ zhi²

LESSON 13

| さくらんぼ | 櫻桃 | ying¹ tou⁴ |

A59 ＜日用品類＞

歯ブラシ	牙擦	nga⁴ chat²
練り歯磨き	牙膏	nga⁴ gou¹
石鹸	番梘	fan¹ gan²
シャンプー	洗頭水	sai² tau⁴ söu²
粉石鹸	梘粉	gan² fan²
鍵	鎖匙	so² si⁴
針	針	zham¹
糸	線	sin³
ハサミ	鉸剪	gau³ zhin²
ミシン	衣車	yi¹ che¹
ボタン	鈕	nau²
傘	遮	zhe¹
ナイフ	刀仔	dou¹ zhai²
爪楊枝	牙籤	nga⁴ chim¹
安全ピン	扣針	kau³ zham¹
クリップ	夾	gip² / gap²
ハンガー	衫架	sam¹ ga²
雑巾	抹檯布	mat³ toi² bou³
財布	銀包	ngan⁴ bau¹
ハンドバッグ	手袋	sau² doi²
スリッパ	拖鞋	to¹ hai²
包丁	菜刀	choi³ dou¹
かけ布団	棉被	min⁴ pei⁵
まくら	枕頭	zham² tau⁴
タオル	毛巾	mou⁴ gan¹
タオルケット	珠被	zhü¹ pei⁵
ベッド	牀	chong⁴
ベッドカバー	牀而	chong⁴ kam²
ベッドシーツ	牀單	chong⁴ dan¹

広東語基本会話

たんす	衣櫃	yi¹ gwai⁶
鏡	鏡	geng³
鏡台	梳粧檯	so¹ zhong¹ toi²
本棚	書架	sü¹ ga²
電球	燈胆	dang¹ dām²

練 習 問 題

1．下線部を置き換えて練習しなさい。

佢<u>大</u>過你。　　高　gou¹　　　　（背が）高い
　　　　　　　　 細　sai³　　　　　小さい
　　　　　　　　 後生　hau⁶ sāng¹　若い
　　　　　　　　 聰明　chung¹ ming⁴　賢い

2．次の日本語を広東語に訳しなさい。
1）この豚肉は1斤いくらですか？
2）あなたはビールが何本要りますか？
3）あなたは100ドル紙幣を何枚もっていますか？
4）2斤で充分です。
5）この歯ブラシはいくらですか？

LESSON 14

電話をかける(1)

Da² din⁶ wa²
打 電 話 (1)

A: Wai²! Hai⁶ m⁴ hai⁶ Y¹ K¹ D¹ gung¹ si¹ a³?
喂! 係 唔 係 Y K D 公 司 呀?

B: Wai²! Nei⁵ wan² bin¹ wai² ne¹?
喂! 你 揾 邊 位 呢?

A: Sān¹ hau² sin¹ sāng¹ hai² sü³ ma³?
山 口 先 生 喺 處 嗎?

B: Köü⁵ yau⁵ di¹ si⁶ chöt¹ zho² höü³.
佢 有 啲 事 出 咗 去。

A: Zhi¹ m⁴ zhi¹ köü⁵ gei² si⁴ fān¹ lai⁴ a³?
知 唔 知 佢 幾 時 返 嚟 呀?

B: Köü⁵ mou⁵ wa⁶ dai¹ wo⁴, m⁴ zhi¹ gei² si⁴ fān¹ ne¹!
佢 冇 話 低 啊, 唔 知 幾 時 返 呢。

A: Yü⁴ gwo² köü⁵ fān¹ lai⁴, giu³ köü⁵ da² go³ din⁶ wa² bei² ngo⁵
如 果 佢 返 嚟, 叫 佢 打 個 電 話 畀 我

hou² ma³?
好 嗎?

B: Ching² man⁶ gwai³ sing³ ne¹?
請 問 貴 姓 呢?

A: Ngo⁵ sing³ Ga¹ tang⁴.
我 姓 加 藤。

B: Köü⁵ zhi¹ dou³ nei⁵ ge³ din⁶ wa² hou⁶ ma⁵ ma³?
　　佢　知　道　你　嘅　電　話　號　碼　嗎?

A: Ngo⁵ ge³ din⁶ wa² hai⁶ Gau² lung⁴ luk⁶ gau² yi⁶ bāt³ ng⁵ sei³.
　　我　嘅　電　話　係　九　龍　六　九　二　八　五　四。

B: Hou² la¹, Köü⁵ fān¹ lai⁴ zhau⁶ giu³ Köü⁵ da² din⁶ wa² bei²
　　好　啦,佢　返　嚟　就　叫　佢　打　電　話　畀

nei⁵ la¹.
你　啦。

A: M⁴ goi¹ nei⁵.
　　唔　該　你。

A61 ■NOTE■

喂	wai²	もしもし
搵	wan²	さがす, たずねる, 訪問する
喺處	hai² sü³	(場所に人／物が存在するの意で)いる, ある ("喺度 hai² dou⁶"と同じ)
出(咗)去	chöt¹ (zho²) höü³	外出する。"咗"は完了を表し, "出咗去"で外出中, 外出したの意味
返嚟	fān¹ lai⁴	帰る, 戻る
低	dai¹	動詞の後につく補語で,「～して結果がのこる」というニュアンスを表す。"話低wa⁶dai¹"は「言い残す」の意
啩	wo⁴	(他人の命令などを取り次ぐといった時に常用される) 語気詞

●常用表現

1．もしもし，陳さんをお願いします。
　Wai² , m⁴ goi¹ nei⁵ giu³ Chan⁴ sin¹ sāng¹ teng¹ din⁶ wa² .
　喂，唔該你叫陳先生聽電話。

2．誰とお話しされたいのでしょうか？
　Nei⁵ wan² bin¹ go³ a³?
　你揾邊個呀？

3．かけ間違いです。
　Nei⁵ da² cho³ lāk³!
　你打錯嘞!

4．何番におかけでしょうか？
　Nei⁵ da² gei² do¹ hou⁶ din⁶ wa² a³?
　你打幾多號電話呀？

5．もう少ししてからまたかけます。
　Ngo⁵ ngān³ di¹ zhoi³ da² lai⁴ la¹ .
　我晏啲再打嚟啦。

6．少々お待ち下さい。
　M⁴ goi¹ nei⁵ dang² yat¹ zhan⁶ la¹ .
　唔該你等一陣啦。

7．すみませんがペニンシュラホテルの電話番号を教えて下さい。
　M⁴ goi¹ nei⁵ wa⁶ bei² ngo⁵ zhi¹ , Bun³ dou² zhau² dim³ ge³
　唔該你話畀我知，半島酒店嘅

　din⁶ wa² hou⁶ ma⁵ .
　電話號碼。

8．すみません，はっきり聞こえません，もう一度おっしゃって下さい。
　Döü³ m⁴ zhü⁶ , teng¹ m⁴ ching¹ cho² , ching² zhoi³ gong² yat¹ chi³ .
　對唔住，聽唔清楚，請再講一次。

広東語基本会話

練 習 問 題

1．次の電話番号を読みなさい。
   1) 3-678071
   2) 0-3456721
   3) 5-58002
   4) 73-3980
   5) 03-251-3390

2．次の日本語を広東語に訳しなさい。
   1) あしたの10時頃にまた電話をしてください。
   2) 彼はあなたの電話番号をご存じですか？

LESSON 15

電話をかける(2)

Da² din⁶ wa²
打 電 話 (2)

A: Wai², zhou² san⁴, ni¹ dou⁶ hai⁶ Yün⁵ dung¹ mau⁶ yik⁶ hong².
喂， 早 晨， 呢 度 係 遠 東 貿 易 行。

B: Wai², ma⁴ fān⁴ nei⁵ ching² Zhiu⁶ ging¹ lei⁵ teng¹ din⁶ wa².
喂， 麻 煩 你 請 趙 經 理 聽 電 話。

A: A¹, zhan¹ hai⁶ döü³ m⁴ zhü⁶ lāk³. Zhiu⁶ ging¹ lei⁵, köü⁵ ngām¹
啊， 眞 係 對 唔 住 嘞。 趙 經 理, 佢 啱

ngām¹ yau⁵ di¹ si⁶ chöt¹ zho² höü³.
啱 有 啲 事 出 咗 去。

Ngo⁵ hai⁶ köü⁵ ge³ bei³ sü¹. Ching² man⁶ nei⁵ gwai³ sing³ wan²
我 係 佢 嘅 秘 書。 請 問 你 貴 姓 搵

köü⁵ a³?
佢 呀?

Yau⁵ mou⁵ süt³ wa⁶ söü¹ yiu³ lau⁴ dai¹ ne¹?
有 冇 說 話 須 要 留 低 呢?

B: Ngo⁵ hai⁶ Yat⁶ bun² yan³ chāt³ gung¹ si¹ sing³ Ga¹ tang⁴ ge³
我 係 日 本 印 刷 公 司 姓 加 藤 嘅

wan² köü⁵, gam², ching² man⁶ nei⁵ zhi¹ m⁴ zhi¹ dou³ köü⁵ gei²
搵 佢， 噉， 請 問 你 知 唔 知 道 佢 幾

si⁴ wui⁵ fān¹ lai⁴ ne¹?
時 會 返 嚟 呢?

広東語基本会話

A: A¹, gam³ ngo⁵ m⁴ hai⁶ gei² ching¹ cho² bo³. Bat¹ gwo³ gam¹
啊，咁 我 唔 係 幾 清 楚 噃。不 過 今

yat⁶ ha⁶ zhau³ sām¹ dim² zhung¹, ngo⁵ dei⁶ gung¹ si¹ yiu³ hoi¹
日 下 晝 三 點 鐘，我 哋 公 司 要 開

yip⁶ mou⁶ wui⁶ yi⁵, ngo⁵ nam² köü⁵ hai² sām¹ dim² zhung¹ zhi¹
業 務 會 議，我 諗 佢 喺 三 點 鐘 之

chin⁴, zhau⁶ yat¹ ding⁶ wui⁵ gon² dou² fān¹ lai⁴ ge³.
前， 就 一 定 會 趕 倒 返 嚟 嘅。

B: Gam², ma⁴ fān⁴ nei⁵, yü⁴ gwo² Zhiu⁶ ging¹ lei⁵ yat¹ fān¹ zho²
噉，麻 煩 你，如 果 趙 經 理 一 返 咗

lai⁴, zhau⁶ zhik¹ hak¹ wa⁶ bei² köü⁵ zhi¹, ngo⁵ da² gwo³ din⁶
嚟， 就 即 刻 話 畀 佢 知，我 打 過 電

wa² lai⁴ wan² gwo³ köü⁵ la¹, hou² ma³?
話 嚟 搵 過 佢 啦，好 嗎？

A: Hou² la¹. Yü⁴ gwo² köü⁵ yat¹ fān¹ zho² lai⁴, ngo⁵ zhau⁶ wui⁵
好 啦。如 果 佢 一 返 咗 嚟，我 就 會

zhik¹ hak¹ wa⁶ bei² köü⁵ zhi¹ lāk³.
即 刻 話 畀 佢 知 嘞。

B: Gam², bāi³ tok³ sāi³ lāk³.
噉，拜 托 哂 嘞。

A: Mat¹ süt³ wa⁶ a¹.
乜 說 話 吖。

LESSON 15

A64 ■NOTE■

須要	söü¹ yiu³	～すべきである，～せねばならぬ，～する必要がある。
留低	lau⁴ dai¹	控え（をのこす），メモ（をのこす），言づて
諗	nam²	想う，考える，考慮する
清楚	ching¹cho²	はっきりする
不過	bat¹ gwo³	でも，しかし
就	zhau⁶	（前にのべた事態をうけて）①その結果，そこで ②ただ，ただし ③そうなると，それこそ，そうであればこそ
趕倒	gon² dou²	①間に合う ②～ときになってから
話畀佢知	wa⁶ bei² köü⁵ zhi¹	彼につたえる，彼に話す
拜托	bai³ tok³	お頼みする，お願いする
乜說話吖	mat¹ süt³ wa⁶ a¹	（決まり文句の一つ）どういたしまして

練 習 問 題

1．次の日本語を広東語に訳しなさい。
　1）すみません。彼は外出中です。もう少したってからもう一度おかけ下さい。
　2）どういたしまして。
　3）私に伝えて下さい。
　4）私は遠東公司の山田というものです。
　5）しかし彼は今テレビを見ているところです。

2．次の広東語を日本語に訳しなさい。
　1）佢哋已經返咗屋企嘞，你聽日早啲再打電話嚟啦。
　2）噉就麻煩你轉頭再打過電話嚟啦。（"轉頭zhün² tau⁴" おりかえし）

LESSON 16

商 談(1)

King¹ sāng¹ yi³
傾　生　意(1)

B01 (Hai² se² zhi⁶ lau⁴)
　　(喺　寫　字　樓)

A: Siu² zhe², ngo⁵ hai⁶ Fāt³ dāt⁶ yöng⁴ hong² ge³ Wong⁴ zhi³
　 小　姐，我　係　發　達　洋　行　嘅　王　志

　 köng⁴, Chan⁴ ging¹ lei⁵ yök³ zho² ngo⁵ löng⁵ dim² bun³ zhung¹
　 強，　陳　經　理　約　咗　我　兩　點　半　鐘

　 lai⁴ gin³ köü⁵ ge³.
　 嚟　見　佢　嘅。

B: Hou² a³, ching² gan¹ ngo⁵ lai⁴ la¹, Chan⁴ ging¹ lei⁵ hai² wui⁶
　 好　呀，請　跟　我　嚟　啦，陳　經　理　喺　會

　 hāk³ sat¹ dang² gan² nei⁵.
　 客　室　等　緊　你。

A: A¹! Nei⁵ zhau⁶ hai⁶ Chan⁴ ging¹ lei⁵ a⁴!?
　 啊! 你　就　係　陳　經　理　呀!?

　 Ngo⁵ hai⁶ Fāt³ dāt⁶ yöng⁴ hong² ge³ Wong⁴ zhi³ köng⁴, ni¹
　 我　係　發　達　洋　行　嘅　王　志　強，呢

　 zhöng¹ hai⁶ ngo⁵ ge³ kāt¹ pin².
　 張　係　我　嘅　咭　片。

C: A¹, Wong⁴ zhü² yam⁶, sou³ yöng⁵ dāi⁶ ming⁴, ching² cho⁵,
　 啊，王　主　任，素　仰　大　名，請　坐，

　 ching² cho⁵.
　 請　坐。

LESSON 16

A: M⁴ gam² dong¹, yi⁵ hau⁶ ching² do¹ do¹ zhi² gāu³.
唔 敢 當，以 後 請 多 多 指 教。

Ngo⁵ gam¹ yat⁶ lai⁴ hai⁶ söng² da² teng¹ ha⁵ gwān¹ yü¹ bai⁶
我 今 日 嚟 係 想 打 聽 吓 關 於 敝

gung¹ si¹ deng⁶ zho² ge³, go² pai¹ fo³ ge³ ching⁴ ying⁴.
公 司 定 咗 嘅，嗰 批 貨 嘅 情 形。

C: Go² pai¹ fo³, ngo⁵ zhi¹ dou¹ gwai³ gung¹ si¹ yiu³ gon² zhü⁶
嗰 批 貨，我 知 道 貴 公 司 要 趕 住

zhou⁶ chöt¹ hau² dān¹, so² yi⁵ ni¹ go³ lai⁵ bāi³, ngo⁵ dou¹ giu³
做 出 口 單，所 以 呢 個 禮 拜，我 都 叫

gung¹ chong² hoi¹ ye⁶ gung¹ tung⁴ nei⁵ dei⁶ gon².
工 廠 開 夜 工 同 你 哋 趕。

A: Nei⁵ zhan¹ hai⁶ m⁴ wa⁶ dak¹ lok³, gam², dāi⁶ koi³ gei² si⁴ ho²
你 眞 係 唔 話 得 咯，噉，大 概 幾 時 可

yi⁵ hei² sāi³ fo³ bei² ngo⁵ ne¹?
以 起 哂 貨 畀 我 呢?

C: Ngo⁵ nam² ni¹ go³ lai⁵ bāi³ luk⁶ ying¹ goi¹ mou⁵ man⁶ tai⁴,
我 諗 呢 個 禮 拜 六 應 該 冇 問 題，

dang² gung¹ chong² fong¹ min⁶ yat¹ bāu¹ hou² zhong¹, ngo⁵
等 工 廠 方 面 一 包 好 裝，我

zhau⁶ ma⁵ söng⁶ tung¹ zhi¹ nei⁵.
就 馬 上 通 知 你。

A: Gam² zhau⁶ bāi³ tok³ sāi³ lāk³!
噉 就 拜 托 哂 嘞!

B02 ■NOTE■

傾生意	king¹ sāng¹ yi³	商談。"傾 king¹"は「話をする，おしゃべりする」の意。"生意 sāng¹ yi³"は「商売」の意
寫字樓	se² zhi⁶ lau⁴	オフィス，事務所
約	yök³	約束
見	gin³	会う
跟	gan¹	つき従う，つく
會客室	wui⁶ hāk³ sat¹	応接室
素仰大名	sou³ yöng⁵ dāi⁶ ming⁴	（初対面の挨拶で）お名前はかねてから承っております
關於	gwān¹ yü¹	～に関して
敝公司	bai⁶ gung¹ si¹	弊社
定	deng⁶	注文する
批	pai¹	（まとまった物/人を数える量詞）組，群，口
貨	fo³	商品，製品，荷
打聽	da² teng¹	問い合わせる，たずねる
情形	ching⁴ying⁴	状況
貴公司	gwai³ gung¹ si¹	貴社
趕	gon²	①追う，駆りたてる ②急ぐ，急いで
出口單	chöt¹ hau² dān¹	輸出許可証
開夜工	hoi¹ ye⁶ gung¹	夜間残業する
唔話得	m⁴ wa⁶ dak¹	言うことなし，お世話さま，ご親切さま
起(哂)貨	hei² (sāi³) fo³	製品・荷をひきとる，貨物を卸す（"哂 sāi³"は「完全に，またはすっかり～する」の意を示す）
應該	ying¹ goi¹	当然～せねばならない，～のはずである
一	yat¹	ひとたび～すると

包(好)裝	bāu¹ (hou²) zhong¹	パッキングする（"好hou²"　はその動作の結果が満足できる，また完全にやり終わることを示す）
馬上	ma⁵ söng⁶	すぐに
等	dang²	①待つ，～を待って ②～させる，～させておく

B03 文法ノート

● "緊 gan²" の用法

動詞＋"緊 gan²"で"vしている"ことを示す。例えば；

食緊飯	sik⁶ gan² fān⁶	食事中
睇緊電視	tai² gan² din⁶ si⁶	テレビをみている
講／打緊（電話）	gong²／da² gan² din⁶ wa²	お話し中
買緊嘢	māi⁵ gan² ye⁵	買い物をしている
寫緊嘢	se² gan² ye⁵	書き物をしている

練　習　問　題

1．次の発音記号を繁体字に注意して漢字に直しなさい。

1) ging¹ lei⁵

2) m⁴ gam² dong¹

3) gung¹ chong²

4) yi⁵ hau⁶

5) se² zhi⁶ lau⁴

2．次の日本語を広東語に訳しなさい。

1) 彼は食事中です。

2) いいえ，彼は電話で話しています。

3) 私は今，家で音楽を聴いています。

4) 私の息子は勉強中です。

LESSON 17

商 談(2)

King¹ sāng¹ yi³
傾 生 意(2)

B04 (Hai² cha⁴ lau⁴)
(喺 茶 樓)

A: Wai³, lou⁵ Chan², dang² zho² hou² noi⁶ la⁴!
喂, 老 陳, 等 咗 好 耐 嚛!

B: Wai³, lou⁵ lei², m⁴ hai⁶ a³, ngo⁵ dou¹ hai⁶ ngām¹ ngām¹ lai⁴
喂, 老 李, 唔 係 呀, 我 都 係 啱 啱 嚟

zho² yat¹ zhan⁶ zhi¹ ma³, söü² sin¹ ngām¹ m⁴ ngām¹ yam² a³?
咗 一 陣 之 嘛, 水 仙 啱 唔 啱 飲 呀?

A: Ngām¹, mou⁵ so² wai⁶. Ngo⁵ yau⁵ dān¹ sāng¹ yi³ söng² tung⁴
啱, 冇 所 謂。 我 有 單 生 意 想 同

nei⁵ zham¹ ha⁵.
你 斟 吓。

B: Yau⁵ mat¹ ye⁵ hou² dāi³ hit³ a³?
有 乜 嘢 好 帶 歇 呀?

A: Ne¹, söng⁶ go³ yüt⁶ ngo⁵ hai² bak¹ ging¹, tung⁴ go² bin⁶ chim¹
呢, 上 個 月 我 喺 北 京, 同 嗰 便 簽

zho² hap⁶ yök³, yiu³ wan⁶ di¹ gwok³ wa² lai⁴ ni¹ dou⁶ zhin²
咗 合 約, 要 運 啲 國 畫 嚟 呢 度 展

lām⁵ tung⁴ māi⁶
覽 同 賣。

LESSON 17

B: Yi⁴ ga¹ ni¹ dou⁶ zhung¹ gwok³ sān¹ söü² wa² hou² sau⁶ fun¹
而 家 呢 度 中 國 山 水 畫 好 受 歡

ying⁴, ni¹ go³ zhü² yi³ kok³ hai⁶ m⁴ cho³ bo³.
迎, 呢 個 主 意 確 係 唔 錯 噃。

A: Ngo⁵ zhau⁶ hai⁶ söng² tung⁴ nei⁵ söng¹ löng⁴, zhe³ nei⁵ gān¹
我 就 係 想 同 你 商 量, 借 你 間

pou³ tau² ge³ yi⁶ lau² lai⁴ zhou⁶ zhin² lām⁵ chöng⁴ dei⁶, māi⁶
舖 頭 嘅 二 樓 嚟 做 展 覽 場 地, 賣

wa² so² zhān⁶ ge³ ying⁴ lei⁶, ngo⁵ dei⁶ zhau⁶ sām¹ chat¹ fan¹
畫 所 賺 嘅 盈 利, 我 哋 就 三 七 分

zhöng³, nei⁵ wa⁶ dim² ne¹?
賬, 你 話 點 呢?

B: Dong¹ yin⁴ hou² gik⁶ la¹! Ngo⁵ yau⁶ hai⁶ hou² zhung¹ yi³ sān¹
當 然 好 極 啦! 我 又 係 好 中 意 山

söü² wa² ge³. Gam², gam¹ chi³ ngo⁵ yat¹ loi⁴ ho² yi⁵ dāi⁶
水 畫 嘅。 噉, 今 次 我 一 來 可 以 大

bāu² ngān⁵ fuk¹, yi⁶ loi⁴ yau⁶ ho² yi⁵ zhān⁶ yat¹ bat¹ ngoi⁶
飽 眼 福, 二 來 又 可 以 賺 一 筆 外

fāi³ lo⁶.
快 囉。

A: Gam² zhau⁶ yat¹ yü¹ hai⁶ gam³ wa⁶ lo⁶ bo³. A³, hai⁶ lāk³,
噉 就 一 於 係 咁 話 囉噃。 呀, 係 嘞,

ngo⁵ dei⁶ wan² di¹ ye⁵ sik⁶ lok³!
我 哋 搵 啲 嘢 食 咯!

137

広東語基本会話

B05 ■NOTE■

嗱	la⁴	（念を押して確かめるといったニュアンスを表す）語気詞
老陳	lou⁵ Chan²	陳さん
		＊姓名の"陳"は本来"chan⁴"と第4の声調である。"老lou⁵"は接頭語で，一般的に，年長者の姓に冠して親近の意を表す。さらにこの場合，もともと陰上（第2声）で読まれる以外の姓は声調交替し，"老陳 lou⁵ chan²"のように第2声で読まれる。
啱啱	ngām¹ ngām¹	ちょうど，たった今
一陣	yat¹ zhan⁶	ひとしきり，しばらく
之嘛	zhi¹ ma³	（たいしたことはない，または軽視のニュアンスを表す）語気詞
單	dān¹	一回一回の商取引をいうときの量詞
斟	zham¹	相談する
有乜嘢好帶歇呀?	yau⁵ mat¹ ye⁵ hou² dāi³ hit³ a³?	（決まり文句で）何かうまい儲け話がありますか
嗰便	go² bin⁶	そちら側，あちら側
簽	chim¹	サインする
合約	hap⁶ yök³	契約
運	wan⁶	運ぶ
國畫	gwok³ wa²	中国画
主意	zhü² yi³	考え，アイデア
確係	kok³ hai⁶	確かに
商量	söng¹ löng⁴	相談する
舖頭	pou³ tau²	店
賺	zhān⁶	（金を）儲ける
盈利	ying⁴ lei⁶	利益

三七分賬	sām¹ chat¹ fan¹ zhöng³	七三で(儲けを)分ける
好極啦	hou² gik⁶ la¹	とても素晴らしい
一來～二來	yat¹ loi⁴ ～ yi⁶ loi⁴	ひとつには～ふたつには～
大飽	dāi⁶ bāu²	大いに満足する，十二分に
眼福	ngān⁵ fuk¹	目を楽しませる，目の幸せ，目の正月
筆	bat¹	お金を数える際の量詞
外快	ngoi⁶ fāi³	副収入
一於	yat¹ yü¹	いっそ，いっそのこと，さっさと
呢	ne¹	(呼び掛けの間投詞)ネー！ ホラ！
當然	dong¹ yin⁴	もちろん
囉噃	lo⁶ bo³	(注意，催促の) 語気詞

練 習 問 題

1．"話wa⁶" には「言う」とか「～と思う」という意味があります。次の広東語を日本語に訳してみなさい。

　1）我話日本菜好食啲。
　2）你話啲菜靚唔靚呀?
　3）陳先生話佢唔想學日文。
　4）你話點呢?
　5）邊個話唔貴呀?

2．( ) 内の語を使って，次の日本語を広東語に訳しなさい。

　1）彼は日本人です。私もそうです。(都係)
　2）彼の奥さんはそこへ行きたがりません。では，彼の奥さんはどこへ行きたいのですか？(想)
　3）私はなんでもたべます。(乜嘢都)
　4）私の方はお金がありません。妻の方はお金があります。(就)
　5）私は香港に行きたいですが，お金がありません。(不過)

LESSON 18　インフルエンザ

Lau⁴ hang⁴ sing³ gam² mou⁶
流 行 性 感 冒

B06 A: Teng¹ gong² zhöü³ gan⁶ Zhung¹ chün¹ sin¹ sāng¹ san¹ tai² m⁴
　　聽　講　最　近　中　村　先　生　身　體　唔

　　hai⁶ gei² sü¹ fuk⁶ wo⁵, hai⁶ m⁴ hai⁶ a³?
　　係　幾　舒　服　喎,　係　唔　係　呀?

B: Ngo⁵ söng⁶ go³ lai⁵ bāi³ hai² gāi¹ zhong⁶ dou³ köü⁵, köü⁵ hou²
　　我　上　個　禮　拜　喺　街　撞　到　佢,　佢　好

　　chi⁵ yau⁵ di¹ gam² mou⁶, teng¹ köü⁵ gong² chin⁴ gei² yat⁶
　　似　有　啲　感　冒,　聽　佢　講　前　幾　日

　　zhung⁶ yau⁵ di¹ fāt³ siu¹ tim¹ bo³.
　　重　有　啲　發　燒　添　噃。

A: Ngo⁵ nam² köü⁵ gang² hai⁶ wān⁶ zho²「Lau⁴ hang⁴ sing³
　　我　諗　佢　梗　係　患　咗　「流　行　性

　　gam² mou⁶」lāk³, yan¹ wai⁶ zhöü³ gan⁶ teng¹ yat¹ wai² yi¹
　　感　冒」嘞,　因　為　最　近　聽　一　位　醫

　　sāng¹ ge³ pang⁴ yau⁵ gong², ni¹ pāi⁴ hai⁶ lau⁴ hang⁴ sing³ gam²
　　生　嘅　朋　友　講,　呢　牌　係　流　行　性　感

　　mou⁶ kei⁴, yü⁴ gwo² yat¹ m⁴ siu² sam¹ lāng⁵ chan¹, yau⁶ wāk⁶
　　冒　期,　如　果　一　唔　小　心　冷　親,　又　或

　　zhe² yat¹ lāng⁵ yat¹ yit⁶, hou² yi⁶ zhau⁶ wui⁵ söng¹ fung¹ gam²
　　者　一　冷　一　熱,　好　易　就　會　傷　風　感

LESSON 18

mou⁶ ga³ lāk³.
冒 㗎 嘞。

B: Hai⁶ a³, ni¹ pāi⁴ tin¹ hei³ fat¹ lāng⁵ fat¹ yit⁶, zhiu¹ tau⁴ zhou²
係呀，呢 牌 天 氣 忽 冷 忽 熱，朝 頭 早

tung⁴ ye⁶ mān⁵ ge³ wan¹ dou⁶ cha¹ sing⁴ chat¹、bāt³ dou⁶, yat¹
同 夜 晚 嘅 溫 度 差 成 七、八 度，一

m⁴ siu² sam¹ zhan¹ hai⁶ hou² yung⁴ yi⁶ lāng⁵ chan¹ ga³.
唔 小 心 眞 係 好 容 易 冷 親 㗎。

A: Teng¹ gong² lau⁴ hang⁴ sing³ gam² mou⁶ zhung⁶ hou² yi⁶ chün⁴
聽 講 流 行 性 感 冒 重 好 易 傳

yim⁵ tim¹ bo³. Tai² lai⁴ ngo⁵ dei⁶ dou¹ yiu³ siu² sam¹ di¹ zhi³
染 添 嗻。睇 嚟 我 哋 都 要 小 心 啲 至

dak¹.
得。

B: Gam² m⁴ zhi¹ Zhung¹ chün¹ sin¹ sāng¹ di¹ nguk¹ kei² yan⁴ wui⁵
噉 唔 知 中 村 先 生 啲 屋 企 人 會

m⁴ wui⁵ zhü³ yi³ dou³ ni¹ dim² ne¹? Nei⁵ zhi¹ la¹, nguk¹ kei²
唔 會 注 意 到 呢 點 呢? 你 知 啦，屋 企

yan⁴ zhip³ chuk¹ si⁴ gān³ do¹, chün⁴ yim⁵ gei¹ wui⁶ dak⁶ bit⁶
人 接 觸 時 間 多，傳 染 機 會 特 別

dāi⁶ ga³.
大 㗎。

A: O¹, bat¹ yü⁴ chan³ yi⁴ ga¹ ngo⁵ dei⁶ dou¹ gam³ dak¹ hān⁴,
喔，不如趁而家我哋都咁得閑，

höü³ Zhung¹ chün¹ sin¹ sāng¹ nguk¹ kei² tām³ ha⁵ köü⁵ dou¹
去　中　村　先　生　屋　企　探　吓　佢　都

hou² wo⁴.
好　啊。

B: Hou² a¹.
好　吖。

B07 ■NOTE■

流行性感冒	lau⁴ hang⁴ sing³ gam² mou⁶	インフルエンザ
聽講	teng¹ gong²	聞くところでは〜だそうだ，〜だということだ
最近	zhöü³ gan⁶	最近
身體	san¹ tai²	からだ，身体
舒服	sü¹ fuk⁶	気持ちがよい，気分がよい
喎	wo⁵	（他人の意見や聞いたことを伝達するニュアンスをもつ）語気詞
街	gāi¹	街路，町
撞	zhong⁶	ばったり会う，ぶつかる，出会う
有啲	yau⁵ di¹	少しある
發燒	fāt³ siu¹	発熱
添嘑	tim¹ bo³	"添嘑"は"重…"の後にきて，予想外であることを表す語気詞
梗	gang²	たしかに
患	wān⁶	患う
醫生	yi¹ sāng¹	医者

LESSON 18

呢排	ni¹ pāi⁴	近ごろ，このごろ
小心	siu² sam¹	注意する
冷親	lāng⁵ chan¹	風邪をひく，ひえる
一冷一熱	yat¹ lāng⁵ yat¹ yit⁶	寒かったり暑かったり
好易	hou² yi⁶	容易に
傷風感冒	söng¹ fung¹ gam² mou⁶	風邪をひく
㗎嘞	ga³ lāk³	（理由を述べたり，警告を表す）語気詞
忽冷忽熱	fat¹ lāng⁵ fat¹ yit⁶	突然寒くなったり突然暑くなったり
成	sing⁴	①～となる ②ほぼ～近く
容易	yung⁴ yi⁶	容易に
至	zhi³	それでこそ，～してこそ
屋企人	nguk¹ kei² yan⁴	家族
喔	o¹	（了解の語気を表す）間投詞
趁	chan³	乗じる
得閒	dak¹ hān⁴	暇がある，時間がある
探	tām³	訪ねる，訪問する
喎	wo⁴	（丁寧に頼むニュアンスをもつ）語気詞
吖	a¹	（同意，譲歩の）語気詞

[病気の訴え方]

1. 頭が痛く，全身寒気がする。
   Tau⁴ tung³, hou² chi⁵ sing⁴ san¹ fāt³ lāng⁵.
   頭痛，好似成身發冷。

2. 喉が痛く，頭も割れるように痛い。
   Ngo⁵ hau⁴ lung⁴ tung³, tau⁴ yik⁶ tung³ dak¹ hou² sai¹ lei⁶.
   我喉嚨痛，頭亦痛得好犀利。

3. ちょっとおなかが痛い。
   Ngo⁵ tou⁵ yau⁵ di¹ tung³.
   我肚有啲痛。

4. 歯が痛くてたまりません。
   Ngo⁵ nga⁴ tung³ dak¹ hou² lei⁶ hoi⁶.
   我牙痛得好利害。

5. 私はもともと喘息ぎみなんです。
   Ngo⁵ bun² loi⁴ hai⁶ yau⁵ di¹ hāu¹ chün² ge³.
   我本來係有啲哮喘嘅。

6. 食欲もありません。
   Wai⁶ hau² dou¹ m⁴ hou².
   胃口都唔好。

7. よく眠れません。
   Fan³ dak¹ m⁴ hou².
   瞓得唔好。

8. 昨日の夜おなかをこわしたのですが，まだくだっています。
   Kam⁴ mān⁵ ngo⁵ tou⁵ ngo¹, yi⁴ ga¹ dou¹ zhung⁶ mei⁶ hou²
   噖晚我肚疴，而家都重未好。

LESSON 18

B09【単語をふやそう】

〈人体用語〉

からだ	身體	san¹ tai²
全身	週身	zhau¹ san¹
あたま	頭	tau⁴
髪の毛	頭髮	tau⁴ fāt³
後頭部	後尾枕	hau⁶ mei⁵ zham²
顔	面	min⁶
顔色	面色	min⁶ sik¹
ひたい	額頭	ngāk⁶ tau⁴
こめかみ	魂精	wan⁴ zheng¹
眉毛	眼眉	ngān⁵ mei⁴
まつげ	眼翕毛	ngān⁵ yap¹ mou¹
目	眼	ngān⁵
めだま	眼核(珠)	ngān⁵ wat⁶ (zhü¹)
瞳孔	瞳孔	tung⁴ hung²
白目	眼白	ngān⁵ bāk⁶
まぶた	眼皮	ngān⁵ pei⁴
一重まぶた	單眼皮	dān¹ ngān⁵ pei⁴
二重まぶた	雙眼皮	söng¹ ngān⁵ pei⁴
涙	眼涙	ngān⁵ löü⁶
鼻	鼻哥	bei⁶ go¹
鼻の穴	鼻哥窿	bei⁶ go¹ lung¹
耳	耳仔	yi⁵ zhai²
耳の穴	耳窿	yi⁵ lung¹
耳たぶ	耳珠	yi⁵ zhü¹
口	口	hau²
〃	嘴	zhöü²
唇	口唇	hau² sön⁴
〃	嘴唇	zhöü² sön⁴
舌	脷	lei⁶
歯	牙	nga⁴

広東語基本会話

歯茎	牙肉	nga⁴ yuk⁶
あご	下巴	ha⁶ pa⁴
ほほ	面珠(墩)	min⁶ zhü¹ (dan¹)
ひげ	鬚	sou¹
えくぼ	酒凹	zhau² nap¹
首	頸	geng²
首筋	頸骨	geng² gwat¹
のど	喉嚨	hau⁴ lung⁴
肩	膊頭	bok³ tau⁴
脇の下	胳肋底	gāk³ lak¹ dai²
手	手	sau²
腕	手臂	sau² bei³
ひじ	手踭	sau² zhāng¹
手首	手腕	sau² wun²
手の甲	手背	sau² bui³
手のひら	手板	sau² bān²
右手	右手	yau⁶ sau²
手の指	手指	sau² zhi²
指先	手指頭	sau² zhi² tau⁴
親指	手指公	sau² zhi² gung¹
人差し指	食指	sik⁶ zhi²
中指	中指	zhung¹ zhi²
薬指	無名指	mou⁴ ming⁴ zhi²
小指	手指尾	sau² zhi² mei¹
爪	手指甲	sau² zhi² gāp³
胸	心口	sam¹ hau²
〃	胸	hung¹
内臓	內臟	noi⁶ zhong⁶
バスト	脺	nin¹
〃	奶	nāi¹
心臓	心	sam¹
肺	肺	fai³

LESSON 18

腎臟	腎	san⁶
肝臟	肝	gon¹
胃	胃	wai⁶
腸	腸	chöng⁴
腹	肚	tou⁵
〃	肚腩	tou⁵ nām⁵
へそ	肚臍	tou⁵ chi⁴
腰	腰	yiu¹
背中	背脊	bui³ zhek³
背骨	脊骨	zhek³ gwat¹
脇腹	小腌	siu² yim²
肋骨	肋骨	lak⁶ gwat¹
尻	屎窟	si² fat¹
〃	囉柚	lo¹ yau²
足	脚	gök³
ふともも	大髀	dai⁶ bei²
ひざ	膝頭	sat¹ tau⁴
ふくらはぎ	脚瓜囊	gök³ gwa¹ nong¹
かかと	脚踭	gök³ zhāng¹
くるぶし	脚眼	gök³ ngan⁵
〃	脚骹	gök³ gāu³
足の甲	脚背	gök³ bui³
足の裏	脚板底	gök³ bān² dai²
足指	脚趾	gök³ zhi²
皮膚	皮	pei⁴
血	血	hüt³
汗	汗	hon⁶
唾, よだれ	口水	hau² söü²
ほくろ	痣	mak²

B10 〈病気関連用語〉

日本語	広東語	発音
病院	醫院	$yi^1\ yün^2$
内科	內科	$noi^6\ fo^1$
外科	外科	$ngoi^6\ fo^1$
小児科	小兒科	$siu^2\ yi^4\ fo^1$
歯科	牙科	$nga^4\ fo^1$
眼科	眼科	$ngān^5\ fo^1$
病気	病	$beng^6$
風邪	感冒	$gam^2\ mou^6$
〃	傷風	$söng^1\ fung^1$
〃	冷親	$lāng^5\ chan^1$
インフルエンザ	流行性感冒	$lau^4\ hang^4\ sing^3\ gam^2\ mou^6$
おたふく風邪	痄腮	$zha^3\ soi^1$
めまい	頭暈眼花	$tau^4\ wan^4\ ngān^5\ fa^1$
ものもらい	眼挑針	$ngān^5\ tiu^1\ zham^1$
トラコーマ	沙眼	$sa^1\ ngān^5$
貧血	貧血	$pan^4\ hüt^3$
下痢	肚疴	$tou^5\ ngo^1$
嘔吐	嘔吐	$au^2\ tou^3$
腹痛	肚痛	$tou^5\ tung^3$
食欲不振	胃口唔好	$wai^6\ hau^2\ m^4\ hou^2$
〃	翳翳滯滯	$ai^3\ ai^3\ zhai^6\ zhai^6$
食欲あり	開胃	$hoi^1\ wai^6$
打ち身	跌打	$tit^3\ da^2$
〃	打傷	$da^2\ söng^1$
捻挫	扭傷	$nau^2\ söng^1$
骨折	斷骨	$dün^6\ gwat^1$
やけど	燒傷	$siu^1\ söng^1$
〃	燆親	$luk^6\ chan^1$
便秘	便秘	$bin^6\ bei^3$
はしか	出痳	$chöt^1\ ma^2$
扁桃腺	扁桃腺	$bin^2\ tou^4\ sin^3$

LESSON 18

結核	肺癆	fai³ lou⁴
赤痢	痢疾	lei⁶ zhat⁶
コレラ	霍亂	fok³ lün⁶
盲腸炎	盲腸炎	māng⁴ chöng² yim⁴
腸チブス	大腸熱	dāi⁶ chöng⁴ yit⁶
頭痛	頭刺	tau⁴ chek³
発熱	發燒	fat³ siu¹
〃	身熱	san¹ hing³
水虫	香港脚	höng¹ gong² gök³
あざ	痣	zhi³
痒い	癢	yöng⁵
〃	痕	han⁴
気持ちが悪い	唔舒服	m⁴ sü¹ fuk⁶
虫歯	爛牙	lan⁶ nga⁴
脈	脈	mak⁶
ガーゼ	紗布	sa¹ bou³
ばんそうこう	膠布	gau¹ bou³
薬	藥	yök⁶
体温計	探熱針	tām³ yit⁶ zham¹
(手足の) まめ	泡	pok¹
(手足の) たこ	胗	zham²
やぶ医者	黄綠醫生	wong⁴ luk⁶ yi¹ sang¹
ちくちく痛い	陰陰痛	yam¹ yam¹ tung³
しくしく痛い	隱隱痛	**yan² yan² tung³**
ずきずき痛い	腌腌痛	yim¹ yim¹ tung³
きりきり痛い	刺刺痛	chek³ chek³ tung³

練 習 問 題

1．次の広東語を日本語に訳しなさい。
   1) 今日唔得閑出街。
   2) 最近天氣凍咗好多，要小心身體呀。
   3) 咁有冇睇醫生呀?
   4) 呢種藥水同藥丸都係每日食三次。
   5) 我講日本話得唔得?

2．次の日本語を広東語に訳しなさい。
   1) 体の具合を見ていただきたいのですが。
   2) 気分が良くありません。
   3) 広東語で病状を説明できません。
   4) 病気になってどのくらいたちますか？
   5) 私はよく胃が痛みます。

第三部

香港 HONG KONG
旅行会話

PROLOGUE — HONG KONG

Höng¹ gong²
香　　港

Höng¹ gong² zhi¹ ching¹ hai⁶ bāu¹ kwut³ Höng¹ gong² bun²
香　港　之　稱　係　包　括　香　港　本

dou², Gau² lung⁴ bun³ dou² nām⁴ dün¹ höng³ bak¹ zhik⁶ zhi³ Sam¹
島，九　龍　半　島　南　端　向　北　直　至　深

zhan³ ho⁴ ge³ san¹ gāi³ dei⁶ wik⁶, yi⁵ kap⁶ yi⁶ bāk³ sām¹ sap⁶ ng⁵
圳　河　嘅　新　界　地　域，以　及　二　百　三　十　五

go³ dou² zhöü⁶. Chün⁴ dei⁶ ge³ min⁶ zhik¹ yök³ wai⁴ yat¹ chin¹
個　島　嶼。全　地　嘅　面　積　約　爲　一　千

luk⁶ sap⁶ chat¹ ping⁴ fong¹ gung¹ lei⁵.
六　十　七　平　方　公　里。

Ging¹ gwo³ gan⁶ ni¹ yat¹ bāk³ nin⁴ ge³ bat¹ dün⁶ fāt³ zhin²,
經　過　近　呢　一　百　年　嘅　不　斷　發　展、

yin⁶ gam¹ yi⁵ yau⁴ yün⁴ hai⁶ yat¹ go³ gik⁶ fong¹ mou⁴ ge³ yü⁴
現　今　已　由　原　係　一　個　極　荒　蕪　嘅　漁

chün¹, yat¹ yök⁶ sing⁴ wai⁴ gwok³ zhai³ sap⁶ dāi⁶ söng¹ fau⁶ zhi¹
村，一　躍　成　爲　國　際　十　大　商　埠　之

yat¹.
一。

PROLOGUE

Yan⁴ hau² yök³ wai⁴ ng⁵ bāk³ sei³ sap⁶ mān⁶ yan⁴, hai⁶ sai³
人口約為五百四十萬人，係世

gāi³ söng⁶ yan⁴ yin¹ zhöü³ chau⁴ mat⁶ ge³ dei⁶ fong¹ zhi¹ yat¹.
界上人煙最稠密嘅地方之一。

Höng¹ gong² wai⁶ yü¹ a³ yit⁶ dāi³ fān⁶ wai⁴, dān⁶ yat¹ nin⁴
香港位於亞熱帶範圍，但一年

dong¹ zhung¹ yau⁵ gan⁶ bun³ nin⁴ ge³ si⁴ gān³, hei³ hau⁶ gik⁶ chi⁵
當中有近半年嘅時間，氣候極似

wan¹ dāi³ ge³ dei⁶ köü¹, chün⁴ nin⁴ ping⁴ gwan¹ ge³ wan¹ dou⁶
溫帶嘅地區，全年平均嘅溫度

wai⁴ sip⁶ si⁶ yi⁶ sap⁶ yi⁶ dou⁶, dung¹ gwai³ yau⁴ chat¹ dou⁶ zhi³
為攝氏二十二度，冬季由七度至

yi⁶ sap⁶ yat¹ dou⁶, ha⁶ gwai³ wai⁴ sām¹ sap⁶ yat¹ dou⁶, yat¹ nin⁴
二十一度，夏季為三十一度，一年

dong¹ zhung¹ yi⁵ sap⁶ yat¹ yüt⁶ tung⁴ sap⁶ yi⁶ yüt⁶ ge³ tin¹ hei³
當中以十一月同十二月嘅天氣

wai⁴ zhöü³ hou².
為最好。

香港旅行会話

B12 ■NOTE■

之	zhi^1	〜の
稱	ching^1	名称
包括	bau^1 kwut^3	包括
向	höng^3	〜に向かう，〜の方へむき
直至	zhik^6 zhi^3	まっすぐ〜へ至る
深圳河	Sam^1 zhan^3 ho^4	（河川名）深圳河
新界	san^1 gai^3	ニューテリトリー
以及	yi^5 kap^6	〜および，〜ならびに
島嶼	dou^2 zhöü^6	島々
全地	chün^4 dei^6	全部の土地
約	yök^3	おおよそ
爲	wai^4	〜となす
平方公里	ping^4 fong^1 gung^1 lei^5	平方キロメートル
經過	ging^1 gwo^3	経過（する）
不斷	bat^1 dün^6	たえず
現今	yin^6 gam^1	現在
已	yi^5	すでに
由	yau^4	〜から
原係	yün^4 hai^6	もともと〜である
荒蕪	fong^1 mou^4	土地が耕す人なく荒れ果てて雑草のはびこっているさま
成爲	sing^4 wai^4	〜になる，〜とする
商埠	söng^1 fau^6	商業港
人煙稠密	yan^4 yin^1 chau^4 mat^6	人家がたてこんでいる
位於	wai^6 yü^1	〜にある，〜に位置している
當中	dong^1 zhung^1	〜の中（に）
似	chi^5	似ている
全年	chün^4 nin^4	年間，一年中の

香港地圖

- 広東省
- 西貢半島
- 青水灣
- 西貢
- 吐露港
- 石澳
- 大學
- 火炭
- 柴灣
- 大埔
- 沙田
- 獅子山
- 大圍
- 九龍塘
- 北角
- 紅磡
- 旺角
- 太平山
- 香港島
- 中環・灣仔
- 香港仔
- 淺水灣
- 赤柱
- 九龍
- 羅湖
- 落馬洲
- 上水・粉嶺
- 新界
- 大帽山
- 荃灣
- 青衣島
- 南丫島
- 錦田
- 青馬大橋
- 元朗
- 坪洲島
- 長洲島
- 流浮山
- 屯門
- 青山
- 赤鱲角國際機場
- 寶蓮寺
- 大嶼山

SCENE 1   **FLIGHT**

Hai² gei¹ söng⁶
喺 機 上

[B13] A: Ching² man⁶, sa¹ hou⁶ B¹ hai² bin¹ dou⁶ a³?
　　　請 問, 卅 號 B 喺 邊 度 呀?

B: Sa¹ hou⁶ B¹ hai² ni¹ bin⁶.
　 卅 號 B 喺 呢 便。

A: Hou² ge³, m⁴ goi¹.
　 好 嘅, 唔 該。

B: Ching² man⁶ nei⁵ söng² yiu³ yam² di¹ mat¹ ye⁵ ne¹?
　 請 問 你 想 要 飲 啲 乜 嘢 呢?

A: Nei⁵ yau⁵ di¹ mat¹ ye⁵ ne¹?
　 你 有 啲 乜 嘢 呢?

B: Gwo² zhap¹、be¹ zhau²、wai¹ si⁶ gei² tung⁴ māi⁴ bat⁶ lān¹ dei²
　 果 汁、啤 酒、威 士 忌 同 埋 拔 蘭 地

　 dang² dang².
　 等 等。

A: Gam², m⁴ goi¹ nei⁵ bei² bui¹ wai¹ si⁶ gei² ga¹ bing¹ söü² ngo⁵
　 噉, 唔 該 你 畀 杯 威 士 忌 加 冰 水 我

　 la¹!
　 啦!

B: Hou² a³.
　 好 呀。

A: M⁴ goi¹ sāi³! A³, hai⁶ lāk³, yiu³ gei² noi⁶ zhi³ dou³
唔 該 嗮! 呀, 係 嘞, 要 幾 耐 至 到

Höng¹ gong² ne¹?
香 港 呢?

B: Fāi³ lāk³, zhung⁶ yau⁵ sa¹ fan¹ zhung¹ zho² yau⁶ zhau⁶ dou³
快 嘞, 重 有 卅 分 鐘 左 右 就 到

lāk³. Ching² man⁶ nei⁵ hai⁶ m⁴ hai⁶ tau⁴ yat¹ chi³ höü³
嘞。 請 問 你 係 唔 係 頭 一 次 去

Höng¹ gong² ne¹?
香 港 呢?

A: Hai⁶ a³, tau⁴ yat¹ chi³ a³.
係 呀, 頭 一 次 呀。

B: Hai⁶ a⁴? Gam² zhau⁶ wān² hoi¹ sam¹ di¹ la¹!
係 呀? 噉 就 玩 開 心 啲 啦!

Höng¹ gong² hai⁶ kau³ mat⁶ tin¹ tong⁴, yi⁴ che² zhung⁶ hai⁶
香 港 係 購 物 天 堂, 而 且 重 係

dei⁶ dou⁶ ge³ so² wai⁶「sik⁶ zhoi⁶ Gwong² zhau¹」ge³ dei⁶
地 道 嘅 所 謂「食 在 廣 州」嘅 地

fong¹, yau⁵ hou² do¹ mei⁵ mei⁶ ge³ choi³ sik¹.
方, 有 好 多 美 味 嘅 菜 式。

A: Hai⁶ a³, ngo⁵ döü³ Höng¹ gong² zhan¹ hai⁶ hou² höng² wong⁵
係 呀, 我 對 香 港 真 係 好 嚮 往

ga³.
㗎。

B: Zhung⁶ yau⁵, nei⁵ sik¹ gong² gwong² dung¹ wa², hāng⁴ höü³
重 有, 你 識 講 廣 東 話, 行 去

bin¹ dou⁶ dou¹ mou⁵ man⁶ tai⁴ la¹.
邊 度 都 冇 問 題 啦。

A: Nei⁵ gwo³ zhöng² zhe¹. Ngo⁵ hei¹ mong⁶ yau⁵ yat¹ go³ yü⁴ fāi³
你 過 獎 啫。我 希 望 有 一 個 愉 快

ge³ löü⁵ hang⁴.
嘅 旅 行。

B14 ■NOTE■

呢便	ni¹ bin⁶	こちら側
果汁	gwo² zhap¹	ジュース
啤酒	be¹ zhau²	ビール
威士忌	wai¹ si⁶ gei²	ウィスキー
拔蘭地	bat⁶ lān¹ dei²	ブランデー（"白 bāk⁶ 蘭地" とも書く）
威士忌加冰水	wai¹ si⁶ gei² ga¹ bing¹ söü²	ウィスキーの水割り
頭一次	tau⁴ yat¹ chi³	最初, 初めて
玩	wān²	遊ぶ
開心	hoi¹ sam¹	楽しい, 嬉しい
購物	kau³ mat⁶	買い物
天堂	tin¹ tong⁴	天国
而且	yi⁴ che²	そのうえ, さらに
地道	dei⁶ dou⁶	本場の
美味	mei⁵ mei⁶	美味, おいしい
菜式	choi³ sik¹	料理の種類
嚮往	höng² wong⁵	憧れる, 思慕する, 夢中になる

愉快	yü⁴ fai³	愉快, 楽しい
機上	gei¹ söng⁶	機内

練 習 問 題

1. 次の日本語を広東語に訳しなさい。
   1) 広東語はおわかりですか？
   2) ブランデーの水割りを一杯お願いします。
   3) 今はタバコを吸ってはいけません。
   4) 日本語のわかるスチュワーデスはいますか？（スチュワーデス ="空中小姐 hung¹ zhung¹ siu² zhe²"）
   5) 日本の新聞はありますか？

2. 次の広東語を日本語に訳しなさい。
   1) 下星期三上書我想去香港, 請問有冇啱我嘅班機呢？（"班機 bān¹ gei¹" フライト, 便）
   2) 香港淨係得一個機場, 位置係九龍, 名稱係"香港國際啓德機場"。（"機場 gei¹ chöng⁴"＝空港）

SCENE 2 IMMIGRATE

Yap⁶ ging² gim² cha⁴
入 境 檢 查

B15 A: A¹! Döü³ m⁴ zhü⁶! Ching² man⁶ nei⁵ hai⁶ hai² bin¹ sü³ bān⁶
啊! 對 唔 住! 請 問 你 係 喺 邊 處 辦

lei⁵ yap⁶ ging² sau² zhuk⁶ ge³ ne¹?
理 入 境 手 續 嘅 呢?

B: Hai² ni¹ sü³. M⁴ goi¹ nei⁵ bei² nei⁵ go³ wu⁶ zhiu³ ngo⁵ tai²
喺 呢 處。唔 該 你 畀 你 個 護 照 我 睇

ha⁵ la¹!
吓 啦!

A: Hou² a³.
好 呀。

B: Nei⁵ lai⁴ Höng¹ gong² ge³ muk⁶ dik¹ hai⁶ mat¹ ye⁵ ne¹?
你 嚟 香 港 嘅 目 的 係 乜 嘢 呢?

A: Ngo⁵ hai⁶ lai⁴ löü⁵ yau⁴ ge³.
我 係 嚟 旅 遊 嘅。

B: Nei⁵ hai⁶ m⁴ hai⁶ tau⁴ yat¹ chi³ lai⁴ Höng¹ gong² ne¹?
你 係 唔 係 頭 一 次 嚟 香 港 呢?

A: Hai⁶ a³.
係 呀。

B: Nei⁵ da² sün³ dau⁶ lau⁴ gei² noi⁶ ne¹?
你 打 算 逗 留 幾 耐 呢?

SCENE 2

A: Yat¹ go³ lai⁵ bāi³.
　一　個　禮　拜。

B: Hou² lāk³. Ni¹ dou⁶ ge³ sau² zhuk⁶ yi⁵ ging¹ bān⁶ to⁵, gan¹
　好　嘞。呢　度　嘅　手　續　已　經　辦　妥，跟

　zhü⁶ zhau⁶ ching² nei⁵ höü³ go² bin⁶ gwo³ hoi² gwān¹ la¹.
　住　就　請　你　去　嗰　便　過　海　關　啦。

A: Hou² ge³, m⁴ goi¹.
　好　嘅，唔　該。

B16 ■NOTE■

入境	yap⁶ ging²	入国
檢查	gim² cha⁴	審査
對唔住	döü³ m⁴ zhü⁶	すみません
辦理	bān⁶ lei⁵	処理する，取りさばく
手續	sau² zhuk⁶	手続
護照	wu⁶ zhiu³	パスポート
旅遊	löü⁵ yau⁴	旅行
逗留	dau⁶ lau⁴	逗留する，滞在する
辦妥	bān⁶ to⁵	妥当に処理する，すべてを整える
跟住	gan¹ zhü⁶	ひき続き，（後に）つく
嗰便	go² bin⁶	そ（あ）ちら側
海關	hoi² gwān¹	税関

練 習 問 題

1．次の日本語を広東語に訳しなさい。

1) どこからおいでになりましたか。
2) どこにお泊まりの予定ですか？
3) 三週間の予定です。
4) このカードに国籍，住所，姓名などの必要事項を記入して下さい。
5) 広東語を勉強するためです。

2．次の広東語を日本語に訳しなさい。

1) 簽證。
2) 出境咭。
3) 唔該你畀張針紙我睇吓。（"針紙 zham^1 zhi^2"注射証明書）
4) 你喺香港住咗幾耐呀?
5) 我打算住喺半島酒店。

SCENE 3　　　　　　　　　　　　　　　　　CUSTOMS

Hai² hoi² gwān¹
喺 海 關

B17　A: Hoi² gwān¹ hai² bin¹ dou⁶ a³?
　　　　海 關 喺 邊 度 呀?

　　B: Hai² ni¹ dou⁶.
　　　　喺 呢 度。

　　　　Hang⁴ lei⁵ hai⁶ m⁴ hai⁶ zhing⁶ hai⁶ dak¹ ni¹ di¹ zha³?
　　　　行 李 係 唔 係 淨 係 得 呢 啲 咋?

　　A: Hai⁶ a³, zhi² hai⁶ dak¹ ni¹ go³ sau² doi² tung⁴ ni¹ go³ löü⁵
　　　　係 呀, 只 係 得 呢 個 手 袋 同 呢 個 旅

　　　　hang⁴ gip¹ zhe¹!
　　　　行 唸 啫!

　　B: Gam², m⁴ goi¹ nei⁵ da² hoi¹ di¹ hang⁴ lei⁵ gwo³ ngo⁵ tai² la¹.
　　　　噉, 唔 該 你 打 開 啲 行 李 過 我 睇 啦。

　　A: Hou² a³, zhing⁶ hai⁶ dak¹ di¹ sām¹ tung⁴ māi⁴ yat¹ di¹ sung³
　　　　好 呀, 淨 係 得 啲 衫 同 埋 一 啲 送

　　　　bei² pang⁴ yau⁵ ge³ lai⁵ ban² zhe¹.
　　　　畀 朋 友 嘅 禮 品 啫。

B: Höng¹ gong² hoi² gwān¹ chöü⁴ zho² yin¹、zhau² tung⁴ höng¹
香 港 海 關 除 咗 煙、酒 同 香

söü² hān⁶ zhai³ yap⁶ hau² zhi¹ ngoi⁶, chün⁴ bou⁶ kwai⁴ dāi³
水 限 制 入 口 之 外, 全 部 攜 帶

ban² dou¹ hai⁶ min⁵ söü³ ge³.
品 都 係 免 稅 嘅。

Nei⁵ yau⁵ mou⁵ ye⁵ yiu³ bou³ gwān¹ ne¹?
你 有 冇 嘢 要 報 關 呢?

A: Mou⁵ a³. Mou⁵ mat¹ ye⁵ yiu³ san¹ bou³ ge³.
冇 呀。冇 乜 嘢 要 申 報 嘅。

B: Gam², hou² lāk³. Nei⁵ ho² yi⁵ tung¹ gwān¹ lāk³.
噉, 好 嘞。你 可 以 通 關 嘞。

B18 ■NOTE■

行李	hang⁴ lei⁵	旅行用の手荷物
淨係	zhing⁶ hai⁶	ただ、～ばかり，もっぱら
咋	zha³	（念を押して相手に尋ねる語気をもつ）語気詞
只係	zhi² hai⁶	ただ～だけだ，ただ～にすぎない
手袋	sau² doi²	ハンドバッグ
旅行喼	löü⁵ hang⁴ gip¹	旅行カバン
打開	da² hoi¹	開ける
衫	sām¹	衣類
禮品	lai⁵ ban²	贈り物，ギフト品
除咗～之外	chöü⁴ zho² ～ zhi¹ ngoi⁶	～のほかに
携帶品	kwai⁴ dāi³ ban²	携帯品

報關	bou³ gwān¹	申告する
申報	san¹ bou³	申告する
限制	hān⁶ zhai³	制限
入口	yap⁶ hau²	輸入する

練 習 問 題

1．次の広東語を日本語に訳しなさい。
  1）除咗我之外，重有我妹妹喺度。
  2）除咗睇電視之外，重睇好多戲。
  3）唔好淨係瞓覺，同我哋一齊讀書啦。
  4）淨係我哋去啦。
  5）麻煩你幫我搵行李喇。

2．次の日本語を広東語に訳しなさい。
  1）ビールのほかにどんなお酒が好きですか？
  2）このバッグは私のではありません。
  3）これらは友達へのプレゼントです。
  4）タバコかお酒をもっていますか？
  5）申告しなければならないものがあります。

SCENE 4   AIRPORT

Hai² gei¹ chöng⁴
喺 機 場

[B19] A: Wai³, sin¹ sāng¹, döü³ m⁴ zhü⁶ ching² man⁶ nei⁵ hai⁶ m⁴ hai⁶
喂, 先 生, 對 唔 住 請 問 你 係 唔 係

Ga¹ tang⁴ sin¹ sāng¹ a³?
加 藤 先 生 呀?

B: Hai⁶ a³. Gam² nei⁵ yat¹ ding⁶ hai⁶ Lei⁵ siu² zhe² lāk³. Zhan¹
係 呀。 噉 你 一 定 係 李 小 姐 嘞。 眞

hai⁶ m⁴ hou² yi³ si³ lāk³. Yiu³ ma⁴ fān⁴ nei⁵ lai⁴ zhip³ ngo⁵
係 唔 好 意 思 嘞。 要 麻 煩 你 嚟 接 我

gei¹, ching² do¹ do¹ zhi² gāu³.
機, 請 多 多 指 敎。

A: M⁴ gan² yiu³, lou⁵ Chan² hai⁶ ngo⁵ ge³ hou² pang⁴ yau⁵, yi⁴
唔 緊 要, 老 陳 係 我 嘅 好 朋 友, 而

nei⁵ yau⁶ hai⁶ köü⁵ ge³ hok⁶ sāng¹, ngo⁵ dei⁶ dāi⁶ ga¹ m⁴ sai²
你 又 係 佢 嘅 學 生, 我 哋 大 家 唔 使

gong² hāk³ hei³ ge³ süt³ wa⁶ lo⁶.
講 客 氣 嘅 說 話 囉。

Nei⁵ hai⁶ m⁴ hai⁶ dai⁶ yat¹ chi³ lai⁴ Höng¹ gong²?
你 係 唔 係 第 一 次 嚟 香 港?

B: Hai⁶ a³. Teng¹ Chan⁴ sin¹ sāng¹ gong², nei⁵ yi⁵ ging¹
係 呀。 聽 陳 先 生 講, 你 已 經

SCENE 4

tung⁴ ngo⁵ deng⁶ zho² zhau² dim³, hai⁶ ma³?
同　我　訂　咗　酒　店，係　嗎?

A: Hai⁶ a³. Nei⁵ ngām¹ ngām¹ lok⁶ fei¹ gei¹, yat¹ ding⁶ hou² gwui⁶
　 係　呀。你　啱　　啱　　落　飛　機，一　定　好　瘤

　 lok³, dang² ngo⁵ sung³ nei⁵ höü³ zhau² dim³ sin¹ la¹.
　 咯, 等　我　送　你　去　酒　店　先　啦。

B: Gam² zhau⁶ ma⁴ fān⁴ sāi³ lok³.
　 噉　就　麻　煩　哂　咯。

B20 ■NOTE■

一定	yat¹ ding⁶	きっと，必ず
唔好意思	m⁴ hou² yi³ si³	気がひける，申し訳ない；すみません
接機	zhip³ gei¹	（空港で）人を出迎える
唔緊要	m⁴ gan² yiu³	気にしない，かまわない
而	yi⁴	しかも
大家	dāi⁶ ga¹	みんな，皆さん
說話	süt³ wa⁶	話
囉	lo⁶	（言わずして悟る，知るといったニュアンスを表す）語気詞
聽～講	teng¹ ～ gong²	～の話によると
同	tung⁴	～に替わって
訂	deng⁶	予約する
落	lok⁶	おりる，降る
瘤	gwui⁶	疲れる
等	dang²	～させる

練 習 問 題

1．次の広東語を日本語に訳しなさい。

　1）我太太要去接機，我唔使去。
　2）佢哋食晒未呀?
　3）等我睇吓。
　4）同我攞本書嚟。("攞 lo^2"とる，持つ，手にとる)
　5）而家落緊大雨。

2．次の日本語を広東語に訳しなさい。

　1）私の替わりに予約していただけますか？
　2）今晩のホテルは予約していません。
　3）疲れたらまずちょっと休みなさい。
　4）この飛行機はシンガポールへ行きますか？
　5）私はまだ荷物を取ってきていません。

SCENE 5   HOTEL

Hai² zhau² dim³
喺 酒 店

B21 B: Fun¹ ying⁴ gwong¹ lam⁴. Ching² man⁶ nei⁵ yau⁵ mou⁵ yü⁶ sin¹
　　　歡　迎　光　臨。請　問　你　有　冇　預　先

　　deng⁶ hou² fong² ge³ ne¹?
　　訂　好　房　嘅　呢?

A: Yau⁵ a³. Ngo⁵ sing³ Ga¹ tang⁴.
　 有　呀。我　姓　加　藤。

B: A¹ … yau⁵ lāk³. Hai⁶ luk⁶ yat¹ ng⁵ hou⁶ fong². Söng¹ yan⁴
　 啊!… 有　嘞。係　六　一　五　號　房。雙　人

　 fong², yat¹ mān⁵ ng⁵ bāk³ man¹, ho² yi⁵ ma³?
　 房，一　晚　五　百　文，可　以　嗎?

A: Hou² a³.
　 好　呀。

B: Gam², m⁴ goi¹ nei⁵ hai² ni¹ zhöng¹ dang¹ gei³ kāt¹ dou⁶ se²
　 噉，唔　該　你　喺　呢　張　登　記　咭　度　寫

　 dai¹ nei⁵ ge³ sing³ ming⁴、dei⁶ zhi² tung⁴ māi⁴ wu⁶ zhiu³ ge³
　 低　你　嘅　姓　名、地　址　同　埋　護　照　嘅

　 hou⁶ ma⁵ la¹.
　 號　碼　啦。

A: Hou² lāk³. Yi⁵ ging¹ se² hou² lāk³
　 好　嘞。已　經　寫　好　嘞。

B: Nei⁵ da² sün³ zhü⁶ gei² do¹ mān⁵ ne¹?
你 打 算 住 幾 多 晚 呢?

A: Luk⁶ mān⁵.
六 晚。

B: Hou², ni¹ tiu⁴ hai⁶ mun⁴ si⁴, yi⁴ ga¹ ngo⁵ zhau⁶ giu³ go³ boy¹
好, 呢 條 係 門 匙, 而 家 我 就 叫 個 boy

dāi³ nei⁵ höü³ nei⁵ gān¹ fong² go² sü³.
帶 你 去 你 間 房 嗰 處。

A: Hou², m⁴ goi¹.
好, 唔 該。

B22 ■NOTE■

歡迎光臨	fun¹ ying⁴ gwong¹ lam⁴	いらっしゃいませ
預先	yü⁶ sin¹	あらかじめ
訂好	deng⁶ hou²	予約済み
房	fong²	部屋
雙人房	söng¹ yan⁴ fong²	ツインルーム
登記咭	dang¹ gei³ kāt¹	登録カード
寫低	se² dai¹	書きつける
號碼	hou⁶ ma⁵	番号
門匙	mun⁴ si⁴	ルームキー, 鍵

練習問題

1．次の日本語を広東語に訳しなさい。
　1）部屋代は一泊いくらですか？
　2）あいた部屋はありますか？
　3）何日ご滞在の予定ですか？
　4）食事付きですか？
　5）まずひと風呂浴びます。
　6）チェックアウト（"找數 zhāu^{2}sou^3"）をお願いします。
　7）今チェックインできますか？
　8）もう少し良い部屋はありますか？

2．次の広東語を日本語に訳しなさい。
　1）唔該你同我叫架車嚟啦。
　2）一共係5300文，電話、洗衫費都包喺入便。
　3）聽日我想早啲出去，唔該你六點鐘叫我起身啦。
　4）唔該，將你個名同埋地址填喺呢度啦。

香港の主な地名（広東語・英語対照）

1.	九龍	Gau² lung⁴	Kowloon
2.	尖沙咀	Zhim¹ sa¹ zhöü²	Tsim Sha Tsui
3.	彌敦道	Nei⁴ dön¹ dou⁶	Nathan Road
4.	亞皆老街	A³ gāi¹ lou⁵ gāi¹	Argyle Street
5.	窩打老道	Wo¹ da² lou⁵ dou⁶	Waterloo Road
6.	油蔴地	Yau⁴ ma⁴ dei²	Yau Ma Tei
7.	旺角	Wong⁶ gok³	Mong Kok
8.	紅磡	Hung⁴ ham³	Hung Hom
9.	九龍城	Gau² lung⁴ sing⁴	Kowloon City
10.	九龍塘	Gau² lung⁴ tong⁴	Kowloon Tong
11.	荔枝角	Lai⁶ zhi¹ gok³	Lai Chi Kok
12.	鯉魚門	Lei⁵ yü⁴ mun⁴	Lyemun Pass
13.	香港	Höng¹ gong²	Hong Kong
14.	中環	Zhung¹ wān⁴	Central District
15.	上環	Söng⁶ wān⁴	Sheung Wan
16.	灣仔	Wān¹ zhai²	Wan Chai
17.	跑馬地	Pāu¹ ma⁵ dei²	Happy Valley
18.	銅鑼灣	Tong⁴ lo⁴ wān¹	Causeway Bay
19.	北角	Bak¹ gok³	North Point
20.	皇后大道	Wong⁴ hau⁶ dāi⁶ dou⁶	Queen's Road
21.	香港仔	Höng¹ gong² zhai²	Aberdeen
22.	淺水灣	Chin² söü² wān¹	Repulse Bay
23.	赤柱	Chek³ chü⁵	Stanley Peninsula
24.	新界	San¹ gāi³	New Territories
25.	沙田	Sa¹ tin⁴	Sha Tin
26.	大埔	Dāi⁶ bou³	Tai Po
27.	粉嶺	Fan² leng⁵	Fan Ling
28.	上水	Söng⁶ söü²	Sheung Shui
29.	元朗	Yün⁴ long⁵	Yuen Long
30.	荃灣	Chün⁴ wān¹	Tseun Wan

31.	屯門	Tün⁴ mün⁴	Tuen Mun
32.	大嶼山	Dāi⁶ yü⁴ sān¹	Lantau Island
33.	羅湖	Lo⁴ wu⁴	Lo Wu
34.	鰂魚涌	Zhak¹ yü⁴ chung¹	Quarry Bay
35.	筲箕灣	Sāu¹ gei¹ wān¹	Shau Ki Wan
36.	柴灣	Chāi⁴ wān¹	Chai Wan
37.	觀塘	Gwun¹ tong⁴	Kwun Tong

香港地下鉄路線図

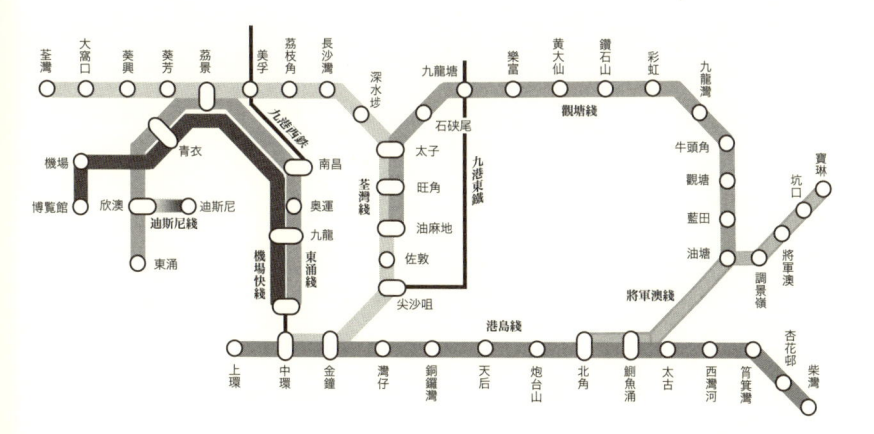

SCENE 6   TRANSPORT

Gāu^1 tung^1
交 通

B24 Höng^1 gong^2 ge^3 zhü^2 yiu^3 gāu^1 tung^1 gung^1 göü^6
香 港 嘅 主 要 交 通 工 具

① Dei^6 ha^6 tit^3 ⋯ hāng^4 sai^2 yü^1 Gau^2 lung^4 bun^3 dou^2 gok^3
地 下 鐵 ⋯ 行 駛 於 九 龍 半 島 各

zhām^6, tung^4 ging^1 gwo^3 hoi^2 dai^2 söü^6 dou^6 dou^3 Höng^1 gong^2
站， 同 經 過 海 底 隧 道 到 香 港

gok^3 sü^3.
各 處。

② Fo^2 che^1 ⋯ yau^4 Gau^2 lung^4 Hung^4 ham^3 fo^2 che^1 zhām^6
火 車 ⋯ 由 九 龍 紅 磡 火 車 站

chöt^1 fāt^3, ging^1 Sa^1 tin^4、Dāi^6 bou^3、Fan^6 leng^5, zhik^6 dou^3 Lo^4
出 發， 經 沙 田、大 埔、粉 嶺， 直 到 羅

wu^4 (Höng^1 gong^2 yü^5 Zhung^1 gwok^3 dāi^6 luk^6 zhi^1 bin^1 gāi^3).
湖 （ 香 港 與 中 國 大 陸 之 邊 界 ）。

③ Dou^6 hoi^2 siu^2 lön^4 ⋯ hāng^4 zhau^2 yü^1 Gong^2 Gau^2 löng^5
渡 海 小 輪 ⋯ 行 走 於 港 九 兩

ngon^6 zhi^1 gān^1, kap^6 yau^5 bou^6 fan^6 hāng^4 zhau^2 yü^1 Höng^1
岸 之 間， 及 有 部 份 行 走 於 香

gong^2 yü^5 lei^4 dou^2 zhi^1 gān^1.
港 與 離 島 之 間。

SCENE 6

④ Din⁶ che¹ … zhi² Gong² dou² gan² yau⁵, din⁶ che¹ (TRAM)
電 車 … 只 港 島 僅 有， 電 車 (TRAM)

nāi⁵ hai⁶ yat¹ zhung² yau⁵ gwai² zhi¹ söng¹ chang⁴ gāu¹ tung¹
乃 係 一 種 有 軌 之 雙 層 交 通

gung¹ göü⁶, din⁶ che¹ hai⁶ yün⁴ zhong¹ yau⁴ Ying¹ gwok³ wan⁶
工 具， 電 車 係 原 裝 由 英 國 運

dou³, yin⁶ yi⁵ hai⁶ sai³ gāi³ hon² gin³.
到， 現 已 係 世 界 罕 見。

⑤ Ba¹ si² … yau⁵ söng¹ chang⁴ kap⁶ dān¹ chang⁴ löng⁵ löü⁶,
巴 士 … 有 雙 層 及 單 層 兩 類，

hāng⁴ zhau² yü¹ Gong² Gau² löng⁵ dei⁶.
行 走 於 港 九 兩 地。

⑥ Lām⁶ che¹ … chi² nāi⁵ Höng¹ gong² ming⁴ mat⁶, yi⁵ ging¹
纜 車 … 此 乃 香 港 名 物， 已 經

yau⁵ gan⁶ bāk³ nin⁴ ge³ lik⁶ si², hai⁶ söng⁵ Tāi³ ping⁴ sān¹ sān¹
有 近 百 年 嘅 歷 史， 係 上 太 平 山 山

deng² bat¹ ho² küt³ siu² ge³ gāu¹ tung¹ gung¹ göü⁶.
頂 不 可 缺 少 嘅 交 通 工 具。

175

⑦ 小巴… Siu² ba¹ … hai⁶ si⁵ köü¹, gāu¹ köü¹, Gong² Gau² löng⁵ dei⁶, 係市區、郊區、港九兩地，
mou⁴ sü³ bat¹ zhau² ge³ sap⁶ sei³ zho⁶ siu² ying⁴ ba¹ si², ga³ 無處不走嘅十四座小型巴士，價
chin² bei² ba¹ si² lök⁶ gwai³. 錢比巴士略貴。

⑧ 的士… Dik¹ si² … San¹ gāi³ dik¹ si² zhi² hāng⁴ zhau² yü¹ San¹ gāi³ 新界的士只行走於新界
gok³ dei⁶, che¹ san¹ hai⁶ luk⁶ sik¹, pou² tung¹ yat¹ bun¹ hai⁶ 各地，車身係綠色，普通一般係
hung⁴ sik¹. 紅色。

■NOTE■

行駛	hāng⁴ sai²	運転する
站	zhām⁶	駅
海底隧道	hoi² dai² söü⁶ dou⁶	海底トンネル
火車	fo² che¹	汽車
邊界	bin¹ gāi³	国境
渡海小輪	dou⁶ hoi² siu² lön⁴	フェリー
港九	Gong² Gau²	香港と九龍
電車	din⁶ che¹	香港では路面電車のことをさす
僅	gan²	①…だけで，…のみで　②わずかに
乃係	nāi⁵ hai⁶	すなわち〜である
軌	gwai²	軌道
雙層	söng¹ chang⁴	二階だて

SCENE 6

原裝	yün⁴ zhong¹	もとどおりのまま
罕見	hon² gin³	まれに見る
巴士	ba¹ si²	バス
單層	dān¹ chang⁴	一階だて
纜車	lām⁶ che¹	ケーブルカー
太平山	Tāi³ping⁴sān¹	ビクトリアピーク
		("扯旗山 Che²kei⁴sān¹"とも言う)
不可缺少	bat¹ ho² küt³ siu²	不可欠
小巴	siu² ba¹	小型バス
市區	si⁵ köü¹	市街
郊區	gāu¹ köü¹	郊外
十四座	sap⁶ sei³ zho⁶	14人乗り
價錢	ga³ chin²	値段
略	lök⁶	いささか
的士	dik¹ si²	タクシー
車身	che¹ san¹	車体

① 搭 巴士
Dāp³ ba¹ si²

A: Sin¹ sāng¹, ching² man⁶ nei⁵ ni¹ ga³ ba¹ si² höü³ m⁴ höü³ zhik⁶ mat⁶ gung¹ yün² ga³?
先生，請問你呢架巴士去唔去植物公園㗎?

B: Ni¹ ga³ ba¹ si² m⁴ höü³ dou³ zhik⁶ mat⁶ gung¹ yün² ge³.
呢架巴士唔去到植物公園嘅。

Bat¹ gwo³ nei⁵ ho² yi⁵ dāp³ dou³ höü³ Sung⁴ gwong¹ bāk³ fo³ gung¹ si¹ go² dou⁶, yin⁴ hau⁶ zhoi³ zhün³ yi⁶ sap⁶ sām¹ hou⁶ che¹.
不過你可以搭到去崇光百貨公司嗰度，然後再轉23號車。

A: Hou², m⁴ goi¹ sāi³. Bat¹ gwo³ ngo⁵ m⁴ zhi¹ dou⁶ höü³ Sung⁴ gwong¹ bāk³ fo³ gung¹ si¹ yiu³ hai² bin¹ dou⁶ lok⁶ che¹ bo³!
好，唔該哂。不過我唔知道去崇光百貨公司要喺邊度落車噃!

B: Ngo⁵ yau⁶ hai⁶ ngām¹ ngām¹ yiu³ höü³ go² dou⁶, dang² zhan⁶ höü³ dou³ go² dou⁶, nei⁵ zhau⁶ gan¹ māi⁴ ngo⁵ yat¹ chai⁴ lok⁶ che¹ la¹!
我又係啱啱要去嗰度，等陣去到嗰度，你就跟埋我一齊落車啦!

A: Gam², zhan¹ hai⁶ m⁴ goi¹ sāi³ lok³!
噉，真係唔該哂咯!

SCENE 6

B27 ■NOTE■

搭	dāp³	（乗り物に）乗る
崇光百貨公司	Sung⁴ gwong¹ bāk³ fo³ gung¹ si¹	
		SOGO（そごう）デパート
然後	yin⁴ hau⁶	その後
轉	zhün³	（方向，位置などが）変わる，乗りかえる
落車	lok⁶ che¹	下車する
等陣	dang² zhan⁶	しばらく待って，しばらくして
跟埋	gan¹ māi⁴	後につづいて

B28 Dāp³ dik¹ si²
② 搭 的 士

A: Wai³, dik¹ si²!
喂，的士!

B: Siu² zhe², höü³ bin¹ dou⁶ a³?
小 姐，去 邊 度 呀?

A: Höü³ Nei⁴ dön¹ dou⁶ ge³ go² gān¹ Gam¹ wik⁶ ga³ yat⁶ zhau² dim³.
去 彌 敦 道 嘅 嗰 間 金 域 假 日 酒 店。

B: Ni¹ go³ si⁴ hau⁶, hāng⁴ Nei⁴ dön¹ dou⁶ yat¹ zhik⁶ höü³, wui⁵
呢 個 時 候，行 彌 敦 道 一 直 去，會

hou² sak¹ che¹. Ngo⁵ söng² hāng⁴ Gwong² dung¹ dou⁶ zhoi³
好 塞 車。我 想 行 廣 東 道 再

zhün³ chöt¹ höü³ Nei⁴ dön¹ dou⁶, ho² yi⁵ ma³?
轉 出 去 彌 敦 道，可 以 嗎?

A: Chöü⁴ bin² nei⁵ la¹. Ngo⁵ dou¹ m⁴ hai⁶ gei² sik¹ lou⁶.
隨 便 你 啦。我 都 唔 係 幾 識 路。

179

B: Siu² zhe², dou³ lāk³. Do¹ zhe⁶ ya⁶ yat¹ go³ bun³.
　　小　姐，到　嘞。多　謝　廿　一　個　半。

A: Hou² a³. Ni¹ dou⁶ ya⁶ yi⁶ man¹, m⁴ sai² zhāu² lāk³.
　　好　呀。呢　度　廿　二　文，唔　使　找　嘞。

B: Gam², do¹ zhe⁶ sāi³ la¹.
　　噉，多　謝　哂　啦。

[B29] ■NOTE■

彌敦道	Nei⁴ dön¹ dou⁶	ネイザンロード
金域假日酒店	Gam¹ wik⁶ ga³ yat⁶ zhau² dim³	ホリディインホテル
一直	yat¹ zhik⁶	まっすぐに
塞車	sak¹ che¹	車が込み合う
廣東道	Gwong² dung¹ dou⁶	カントンロード
隨便	chöü⁴ bin²	まかせる，勝手にする，ご自由に
路	lou⁶	道路

SCENE 6

B30 Dāp³ sün⁴
③ 搭 船

A: Chin⁴ bin⁶ zhau⁶ hai⁶ Tin¹ sing¹ siu² lön⁴ ma⁵ tau⁴ lāk³.
前 便 就 係 天 星 小 輪 碼 頭 嘞。

B: Gam², dang² ngo⁵ höü³ māi⁵ sün⁴ fei¹ sin¹ la¹.
噉， 等 我 去 買 船 飛 先 啦。

A: Sai² mat¹ māi⁵ fei¹ bo³?
使 乜 買 飛 嗻?

Ni¹ dou⁶ hai⁶ yung⁶ zhi⁶ dung⁶ sau¹ fai³ gei¹ a¹ ma³!
呢 度 係 用 自 動 收 費 機 吖 嗎!

B: Ngo⁵ mou⁵ sān² ngan² bo³.
我 冇 散 銀 嗻。

A: Nei⁵ söng² cho⁵ söng⁶ bin⁶ ding⁶ ha⁶ bin⁶ a³?
你 想 坐 上 便 定 下 便 呀?

Söng⁶ bin⁶ tau⁴ dang² hai⁶ bāt³ hou⁴ zhi², ha⁶ bin⁶ yi⁶ dang²
上 便 頭 等 係 八 毫 子, 下 便 二 等

hai⁶ luk⁶ hou⁴ zhi².
係 六 毫 子。

B: Si⁶ dān⁶ la¹. Wāng⁴ dim⁶ bāt³ fan¹ zhung¹ zho² yau⁶ zhau⁶
是 但 啦。 橫 掂 八 分 鐘 左 右 就

dou³ ga³ lāk³.
到 㗎 嘞。

A: Hou² a³!
好 呀!

B: Ni¹ dou⁶ hai⁶ yat¹ man¹, nei⁵ fong³ yap⁶ höü³ go³ sau¹ fai³
呢 度 係 一 文, 你 放 入 去 個 收 費

gei¹ dou⁶, köü⁵ zhau⁶ wui⁵ zhi⁶ dung⁶ zhāu² chin² chöt¹ lai⁴
機 度, 佢 就 會 自 動 找 錢 出 嚟

bei² nei⁵ ga³ la¹.
畀 你 㗎 啦。

B31 ■NOTE■

前便	chin⁴ bin⁶	前面
天星小輪	Tin¹ sing¹ siu² lön⁴	スターフェリー
碼頭	ma⁵ tau⁴	波止場
船飛	sün⁴ fei¹	乗船券
使乜	sai² mat¹	なぜ, どうして
自動收費機	zhi⁶ dung⁶ sau¹ fai³ gei¹	自動領収機
吖嗎	a¹ ma³	(強調の)語気詞
散銀	sān² ngan²	小銭
上便	söng⁶ bin⁶	上
下便	ha⁶ bin⁶	下
頭等	tau⁴ dang²	ファーストクラス
二等	yi⁶ dang²	エコノミークラス
是但	si⁶ dān⁶	どちらでも, 適当に
橫掂	wāng⁴ dim⁶	どのみち, どっちみち, いずれにしても

● 現在スターフェリーの料金は一等2.2HKドル, 二等1.7HKドルとなっています(2003年8月現在)。

SCENE 6

練 習 問 題

1．次の発音記号を漢字に直し，日本語に訳しなさい。

1) si⁶ dān⁶
2) tau⁴ dang²
3) sān² ngan²
4) bāk³ fo³ gung¹ si¹
5) zhik⁶ mat⁶ gung¹ yün²
6) ng⁵ hou⁴ zhi²
7) ha⁶ bin⁶
8) ma⁵ tau⁴
9) zhāu² chin²
10) sak¹ che¹

2．次の広東語を日本語に訳しなさい。

1) 去香港大學嘅巴士係唔係喺呢度上車呀?
2) 喺邊一處轉車最方便呢?
3) 2號巴士係由邊度到邊度㗎?
4) 我想買一張去廣州嘅車飛。
5) 有冇人要落車呀?
6) 橫掂都係一樣。
7) 請問半島酒店點去呀?
8) 唔該喺呢度轉入去啦。
9) 由呢度一直行，然後轉左，就係嘞。
10) 呢架飛機經上海去北京。

SCENE 7　　　　　　　　　　　THE PEAK

Yau⁴ lām⁵ Höng¹ gong²
遊 覽 香 港 (1)

B32 Hai² Tāi³ ping⁴ sān¹ sān¹ deng²
喺 太 平 山 山 頂

A: Lām⁶ che¹ lai⁴ lāk³, ngo⁵ dei⁶ fāi³ di¹ söng⁵ höü³ lo⁶.
纜 車 嚟 嘞, 我 哋 快 啲 上 去 囉。

B: Cho⁵ lām⁶ che¹ yiu³ gei² noi⁶ zhi³ dou³ sān¹ deng² ne¹?
坐 纜 車 要 幾 耐 至 到 山 頂 呢?

A: Dāi⁶ koi³ sap⁶ fan¹ zhung¹ zho² yau⁶.
大 概 十 分 鐘 左 右。

B: Wa⁴! Ni¹ sü³ ge³ ye⁶ ging² zhan¹ hai⁶ leng³ a³!
嘩! 呢 處 嘅 夜 景 眞 係 靚 呀!

A: Hai⁶ a³. Höng¹ gong² ge³ ye⁶ ging² hai² sai³ gāi³ dou¹ hou²
係 呀。香 港 嘅 夜 景 喺 世 界 都 好

chöt¹ meng² ga³. So² yi⁵ yau⁵ " dung¹ fong¹ zhi¹ zhü¹ " ge³
出 名 㗎。所 以 有 " 東 方 之 珠 " 嘅

mei⁵ hou⁶.
美 號。

B: Hai² sān¹ deng² ni¹ dou⁶, ho² yi⁵ fu² lām⁵ Höng¹ gong² tung⁴
喺 山 頂 呢 度, 可 以 俯 覽 香 港 同

Gau² lung⁴ si⁵ köü¹ ge³ chün⁴ ging².
九 龍 市 區 嘅 全 景。

A: Hāng⁴ gan² ge³ hai⁶ loi⁴ wong⁵ Gau² lung⁴ tung⁴ Höng¹ gong²
行 緊 嘅 係 來 往 九 龍 同 香 港

zhi¹ gān¹ ge³ dou⁶ hoi² lön⁴.
之 間 嘅 渡 海 輪。

B: Go² di¹ sün⁴ tai² hei² söng⁶ lai⁴ hou² chi⁵ wun⁶ göü⁶ yat¹
嗰 啲 船 睇 起 上 嚟 好 似 玩 具 一

yöng⁶.
樣。

A: Nei⁵ tai² dou³ ge³ go² zho⁶ hou² gou¹ ge³ dāi⁶ ha⁶, zhau⁶
你 睇 到 嘅 嗰 座 好 高 嘅 大 廈, 就

hai⁶ giu³ zhou⁶ Wo⁴ gei³ dāi⁶ ha⁶, hai⁶ hai² Höng¹ gong²
係 叫 做 和 記 大 廈, 係 喺 香 港

yau⁵ meng² ge³ gin³ zhuk¹ mat⁶.
有 名 嘅 建 築 物。

B33 ■NOTE■

遊覽	yau⁴ lām⁵	遊覧
快啲	fāi³ di¹	少し速く
上去	söng⁵ höü³	上がって行く, のぼって行く
大概	dāi⁶ koi³	だいたい, およそ
出名	chöt¹ meng²	有名
東方之珠	dung¹ fong¹ zhi¹ zhü¹	東洋の真珠
俯覽	fu² lām⁵	俯瞰
睇起上嚟	tai² hei² söng⁶ lai⁴	見たところ, 見て来ると
好似～一樣	hou² chi⁵ ～ yat¹ yöng⁶	まるで～のようだ
玩具	wun⁶ göü⁶	おもちゃ
大廈	dāi⁶ ha⁶	ビル

和記大廈　Wo⁴ gei³ dāi⁶ ha⁶　　ハチソンハウス(Hutchison House)

練 習 問 題

1．次の広東語を日本語に訳しなさい。

　1）喺嗰度我哋可以睇到香港嘅全景。

　2）唔係，佢講緊電話。

　3）嗰個美國人啲廣東話好似廣州人一樣咁好。

　4）佢而家差唔多係全香港最出名嘅人。邊個都識佢嘅。

2．次の文の下線部に，それぞれ①〜⑤の語句をいれ発音練習しなさい。

　1）坐―――要幾耐至到山頂呢？

　　　① 巴士 ba¹ si²

　　　② 的士 dik¹ si²

　　　③ 纜車 lām⁶ che¹

　　　④ 單車 dān¹ che¹　　（自転車）

　　　⑤ 電單車 din⁶ dān¹ che¹　（オートバイ）

　2）呢處嘅＿＿＿眞係靚呀！

　　　① 環境 wān⁴ ging²

　　　② 夜景 ye⁶ ging²

　　　③ 風景 fung¹ ging²

　　　④ 花園 fa¹ yün²

　　　⑤ 建築物 gin³ zhuk¹ mat⁶

SCENE 8   ABERDEEN

Yau⁴ lām⁵ Höng¹ gong²
遊 覽 香 港 (2)

B34 Hai² Höng¹ gong² zhai²
喺 香 港 仔

B: Ni¹ dou⁶ zhau⁶ hai⁶ Höng¹ gong² zhai².
呢 度 就 係 香 港 仔。

Yi⁵ chin⁴ zhi² bat¹ gwo³ hai⁶ yü⁴ chün¹, hai² gei² sap⁶ nin⁴
以 前 只 不 過 係 漁 村, 喺 幾 十 年

chin⁴ hoi¹ bān⁶ zho² söü² söng⁶ chān¹ ting¹ zhi¹ hau⁶, mou⁵
前 開 辦 咗 水 上 餐 廳 之 後, 冇

gei² noi⁶ zhau⁶ chöt¹ meng² lak³.
幾 耐 就 出 名 嘞。

A: Yau⁵ m⁴ siu² siu² ying⁴ yü⁴ sün⁴ bo³!
有 唔 少 小 型 漁 船 噃!

B: Ni¹ dou⁶ hai⁶ göü¹ zhü⁶ hai² söü² söng⁶ ge³ dān⁶ man⁴ gan¹
呢 度 係 居 住 喺 水 上 嘅 蛋 民 根

göü³ dei⁶.
據 地。

Yi⁵ chin⁴ hai² ni¹ go³ sai³ hoi² wān¹ löü⁵ bin⁶, zhöü⁶ zhāp⁶
以 前 喺 呢 個 細 海 灣 裏 便, 聚 集

zho² gei² chin¹ sau² sān¹ bān².
咗 幾 千 艘 舢 板。

A: Dim² yöng² höü³ söü² söng⁶ chān¹ ting¹ ne¹?
點　樣　去　水　上　餐　廳　呢?

B: Yau⁵ sān¹ bān² tung¹ siu¹ hai² söü² söng⁶ chān¹ ting¹ tung⁴
有　舢　板　通　宵　喺　水　上　餐　廳　同

hoi² ngon⁶ zhi¹ gān¹ bat¹ ting⁴ loi⁴ wong⁵, zhip³ sung³ hāk³
海　岸　之　間　不　停　來　往,　接　送　客

yan⁴.
人。

Ne¹, ngo⁵ dei⁶ dāp³ sān¹ bān² höü³ Zhan¹ bou² hoi² sin¹ fong²
呢,　我　哋　搭　舢　板　去　珍　寶　海　鮮　舫

lo⁶!
囉!

A: Go² dou⁶ zhau⁶ hai⁶ söü² song⁶ chān¹ ting¹ a¹ me¹?
嗰　度　就　係　水　上　餐　廳　吖　咩?

Gān² zhik⁶ leng³ dou³ hou² chi⁵ lung⁴ gung¹ yat¹ yöng⁶!
簡　直　靚　到　好　似　龍　宮　一　樣!

B: Go² dou⁶ ge³ hoi² sin¹ hai⁶ mou⁴ dak¹ bei² ge³, hāk³ yan⁴ ho²
嗰　度　嘅　海　鮮　係　無　得　比　嘅,　客　人　可

yi⁵ sik⁶ dou³ zhi⁶ gei¹ gān² chöt¹ lai⁴ ge³ yü², zhou⁶ sing⁴
以　食　到　自　己　揀　出　嚟　嘅　魚,　做　成

zhöü³ gou¹ kap¹ ge³ Gwong² dung¹ gāi ngāu⁴.
最　高　級　嘅　廣　東　佳　餚。

A: Gam² zhau⁶ hou² lāk³. Ngo⁵ zhöü³ fun¹ hei² san¹ sin¹ ge³ yü⁴
噉　就　好　嘞。我　最　歡　喜　新　鮮　嘅　魚

löü⁶.
類。

B35 ■NOTE■

開辦	hoi¹ bān⁶	開業する，仕事を始める
水上餐廳	söu² söng⁶ chān¹ ting¹	水上レストラン
唔少	m⁴ siu²	多い，少なくない
居住	göü¹ zhü⁶	居住する
蛋民	dān⁶ man⁴	広東・福建の沿海地方・河川で水上生活している人々，水上居民
細	sai³	小さい，小さな
海灣	hoi² wān¹	入り江
聚集	zhöü⁶ zhap⁶	集合する，集まる
艘	sau²	船を数える量詞
舢板	sān¹ bān²	サンパン，小船
通宵	tung¹ siu¹	夜どうし，徹夜する
不停	bat¹ ting⁴	絶えず
接送	zhip³ sung³	送迎
珍寶海鮮舫	Zhan¹ bou² hoi² sin¹ fong²	ジャンボ海鮮レストラン
吖咩	a¹ me¹	（驚きの）語気詞
簡直	gān² zhik⁶	まるで，すっかり
無得比	mou⁴ dak¹ bei²	比べることができない
揀	gān²	選ぶ
做成	zhou⁶ sing⁴	作成，つくる
佳餚	gāi¹ ngāu⁴	上等なごちそう，立派な料理
歡喜	fun¹ hei²	好む，愛好する，喜ぶ

練習問題

1．次の文の下線部に①〜④をいれて，発音を練習しなさい。

呢度就係＿＿＿＿。

　① 鯉魚門

　② 中環

　③ 沙田

　④ 灣仔

2．次の日本語を広東語に訳しなさい。

 1) 私は新鮮な果物を最も好む。
 2) 彼は新鮮な野菜を最も好む。
 3) あなたはどこで広東語を習っていますか？
 4) 以前は日本の大学で，今は香港の友達が教えてくれます。

SCENE 9   TIGER BALM GARDENS & REPULSE BAY

Yau⁴ lām⁵ Höng¹ gong²
遊覽香港 (3)

B36 Hai² fu² pāu³ bit⁶ söü⁶
① 喺虎豹別墅

B: Ni¹ gān¹ zhau⁶ hai⁶ kāu³ fu² pāi⁴ yök⁶ gou¹, mān⁶ gam¹ yau⁴
呢 間 就 係 靠 虎 牌 藥 膏， 萬 金 油

fāt³ zho² dāt⁶ ge³ Wu⁴ man⁴ fu² gung¹ gwun². Höng¹ gong²
發 咗 達 嘅 胡 文 虎 公 館。 香 港

yan⁴ yat¹ bun¹ giu³ zhou⁶ Fu² pāu³ bit⁶ söü⁶.
人 一 般 叫 做 虎 豹 別 墅。

A: Go² di¹ kei⁴ ying⁴ gwāi³ zhong⁶, gok³ sik¹ gok³ yöng⁶ ge³ yan⁴
嗰 啲 奇 形 怪 狀， 各 式 各 樣 嘅 人

zhöng⁶ tung⁴ dung⁶ mat⁶ sok³ zhöng⁶ gau³ ging² hai⁶ mat¹ ye⁵
像 同 動 物 塑 像 究 竟 係 乜 嘢

lai⁴ ga³?
嚟 㗎?

B: Ni¹ di¹ yan⁴ zhöng⁶ tung⁴ dung⁶ mat⁶ hai⁶ gan¹ göü³ Zhung¹
呢 啲 人 像 同 動 物 係 根 據 中

gwok³ man⁴ gān¹ gwu³ si⁶, yung⁶ nim⁴ tou² zhou⁶ sing⁴,
國 民 間 故 事， 用 黏 土 造 成，

zhoi³ yung⁶ sin¹ yim⁶ ge³ ngān⁴ sik¹ söng⁵ sik¹ ge³.
再 用 鮮 艷 嘅 顏 色 上 色 嘅。

香港旅行会話

A: Hai² gung¹ gwun² löü⁵ bin⁶ yau⁵ di¹ mat¹ ye⁵ ne¹?
　　喺　公　館　裏　便　有　啲　乜　嘢　呢?

B: Löü⁵ bin⁶ sau¹ zhāp⁶ zho² hou² do¹ ming⁴ gwai³ ge³ fei² chöü³
　　裏　便　收　集　咗　好　多　名　貴　嘅　翡　翠

　　dang² dang².
　　等　等。

　　Ngo⁵ teng¹ gong² yi⁴ ga¹ Wu⁴ si⁶ ga¹ hai⁶, m⁴ zhi² zhing⁶ hai⁶
　　我　聽　講　而　家　胡　氏　家　系, 唔　止　凈　係

　　zhou⁶ mān⁶ gam¹ yau⁴ ge³ sāng¹ yi³, köü⁵ dei⁶ ge³ hau⁶ doi⁶
　　做　萬　金　油　嘅　生　意, 佢　哋　嘅　後　代

　　zhung⁶ chöt¹ bān² bou³ hon² tung⁴ hoi¹ bān⁶ zhau² lau⁴ hong⁴
　　重　出　版　報　刊　同　開　辦　酒　樓　行

　　yip⁶ tim¹.
　　業　添。

B37 ■NOTE■

虎豹別墅	fu² pāu³ bit⁶ söü⁶	タイガーバームガーデン
靠	kāu³	寄り掛かる; 頼る, 頼りにする
牌	pāi⁴	商標, マーク
藥膏	yök⁶ gou¹	ぬり薬, 軟膏
萬金油	mān⁶ gam¹ yau⁴	万金油 (タイガーバーム)
發達	fāt³ dāt⁶	成功する, 繁盛する
胡文虎	Wu⁴ man⁴ fu²	＜人名＞
公館	gung¹ gwun²	(他人の住宅に対する尊称) お屋敷
奇形怪狀	kei⁴ ying⁴ gwāi³ zhong⁶	グロテスクなかたち, 奇妙なかっこう
各式各樣	gok³ sik¹ gok³ yöng⁶	種々様々

人像	yan⁴ zhöng⁶	彫像
塑像	sok³ zhöng⁶	土偶，どろ製の人形（"塑"の本来の読音は sou³ で，sok³ は俗読）
究竟	gau³ ging²	つまりは，結局
根據	gan¹ göü³	よりどころ（とする），根拠（とする）
故事	gwu³ si⁶	物語，ストーリー
黏土	nim⁴ tou²	粘土
造成	zhou⁶ sing⁴	作り上げる
鮮艷	sin¹ yim⁶	あでやか，あざやか
名貴	ming⁴ gwai³	貴重である，上等である
翡翠	fei² chöü³	ヒスイ
唔止	m⁴ zhi²	～にとどまらない，～ばかりでない
後代	hau⁶ doi⁶	子孫，後世
報刊	bou³ hon²	新聞雑誌などの刊行物
酒樓	zhau² lau⁴	レストラン
行業	hong⁴ yip⁶	職業，業界

B38

Hai² Chin² söü² wān¹
② 喺 淺 水 灣

A: Ngo⁵ söng² höü³ Chin² söü² wān¹, yiu³ dim² yöng² dāp³ che¹
　 我 想 去 淺 水 灣，要 點 樣 搭 車

　 höü³ ne¹?
　 去 呢?

B: Ngo⁵ dei⁶ ho² yi⁵ hai² Zhung¹ wān⁴ Tin¹ sing¹ ma⁵ tau⁴ dāp³
　 我 哋 可 以 喺 中 環 天 星 碼 頭 搭

　 söng¹ chang⁴ ba¹ si², dāi⁶ koi³ bun³ go³ zhung¹ tau⁴ zhau⁶
　 雙 層 巴 士，大 概 半 個 鐘 頭 就

　 dou³.
　 到。

A: Wa⁴, ni¹ go³ bun³ yüt⁶ ying⁴ ge³ hoi² tān¹, sām¹ min⁶ bei⁶
　 嘩，呢 個 半 月 型 嘅 海 灘，三 面 被

　 bik¹ luk⁶ ge³ sān¹ yau¹ bāu¹ wai⁴ zhü⁶, yat¹ pin³ bāk⁶ sa¹,
　 碧 綠 嘅 山 丘 包 圍 住，一 片 白 砂，

　 zhan¹ hai⁶ leng³ lok³!
　 眞 係 靚 咯!

B: Mong⁶ höü³ nām⁴ bin⁶ go² dou⁶, zhau⁶ hai⁶ hoi² yöng⁴ gung¹
　 望 去 南 便 嗰 度，就 係 海 洋 公

　 yün².
　 園。

A: Hai² Höng¹ gong², wing⁶ gwai³ dāi⁶ koi³ hai⁶ gei² si⁴ dou³
　 喺 香 港，泳 季 大 概 係 幾 時 到

　 gei² si⁴ ne¹?
　 幾 時 呢?

B: Yat¹ bun¹ lai⁴ gong², yau⁴ sām¹ yüt⁶ dou³ sap⁶ yat¹ yüt⁶ cho¹
　　一　般　嚟　講，由　三　月　到　十　一　月　初

zho² yau⁶.
左　右。

A: Yi², go² bin⁶ hou² chi⁵ yau⁵ zho⁶ fat⁶ zhöng⁶ bo³!
　　咦，嗰　便　好　似　有　座　佛　像　噃!

B: O⁴, go² zho⁶ zhau⁶ hai⁶ Tin¹ hau⁶ nöng⁴ nöng⁴ fat⁶ zhöng⁶.
　　哦，嗰　座　就　係　天　后　娘　娘　佛　像。

Fat⁶ zhöng⁶ ge³ zhak¹ bin¹ zhau⁶ yau⁵ zho⁶ Tin¹ hau⁶ miu⁶.
佛　像　嘅　側　邊　就　有　座　天　后　廟。

A: Go² bin⁶ yau⁵ gei² gān¹ sai³ ge³ yam² sik⁶ dim³ bo³!
　　嗰　便　有　幾　間　細　嘅　飲　食　店　噃!

B: Hai⁶ a³, yam² sik⁶ dim³ ge³ pong⁴ bin¹ zhung⁶ yau⁵ chün⁴ yi¹
　　係　呀，飲　食　店　嘅　旁　邊　重　有　存　衣

chü³, tung⁴ māi⁴ siu² ying⁴ zhöng³ mok⁶ dang² chöt¹ zhou¹
處，同　埋　小　型　帳　幕　等　出　租

tim¹.
添。

B39 ■NOTE■

淺水灣	Chin² söü² wān¹	レパルスベイ
天星碼頭	Tin¹ sing¹ ma⁵ tau⁴	スターフェリー埠頭
嘩	wa⁴	まあ，わあ
海灘	hoi² tān¹	ビーチ
被	bei⁶	～に～される，～られる
碧綠	bik¹ luk⁶	深緑色

山丘	sān¹ yau¹	山や丘
望	mong⁶	遠望する，眺める，のぞみ見る
海洋公園	hoi² yöng⁴ gung¹ yün²	海洋公園
泳季	wing⁶ gwai³	スイミングシーズン
一般嚟講	yat¹ bun¹ lai⁴ gong²	一般的に言うと
咦	yi²	あれ，おや
天后娘娘	Tin¹ hau⁶ nöng⁴ nöng⁴	航海の神様
側邊	zhak¹ bin¹	そば，わき，よこ
天后廟	tin¹ hau⁶ miu⁶	航海の神様の廟
存衣處	chün⁴ yi¹ chü³	脱衣所
帳幕	zhöng³ mok⁶	テント
出租	chöt¹ zhou¹	貸し出す，レンタルする

練習問題

1．次の文の下線部に①〜④をいれて，発音を練習しなさい。

我想去_____，要點樣搭車去呢?

① 海洋公園
② 淺水灣
③ 大會堂 dāi⁶ wui⁶ tong⁴ （シティホール）
④ 港澳碼頭 gong² ou³ ma⁵ tau⁴ （香港マカオフェリー波止場）

2．次の広東語を日本語に訳しなさい。

1) 喺香港有好多日本百貨公司，例如伊勢丹、大丸、東急等等。
2) 大概四個字左右就到。
3) 你想去邊度玩呀?
4) 喺香港，泳季大概由三月到十一月初左右。

SCENE 10 — MOVIES

Tai² hei³
睇　戲

B40 B: Nei⁵ lai⁴ zho² Höng¹ gong² zhi¹ hau⁶, dou⁶ dou⁶ cha¹ m⁴ do¹
你　嚟　咗　香　港　之　後，度　度　差　唔　多

hāng⁴ gwo³ sāi³ lok³.
行　過　哂　咯。

Gam¹ yat⁶ bat¹ yü⁴ höü³ tai² chöng⁴ hei³ hou² ma³?
今　日　不　如　去　睇　場　戲　好　嗎?

A: Ngo⁵ hai² gāi¹ söng⁶ hāng⁴ hāng⁴ ha⁵, fāt³ gok³ Höng¹ gong²
我　喺　街　上　行　行　吓，發　覺　香　港

yau⁵ hou² do¹ hei³ yün².
有　好　多　戲　院。

B: Hai⁶ a³, Höng¹ gong² yan⁴ hou² zhung¹ yi³ tai² hei³ ga³.
係呀，香　港　人　好　中　意　睇　戲　喫。

Tai² hei³ tung⁴ yam² cha⁴ gān² zhik⁶ zhau⁶ hai⁶ sāng¹ wut⁶ ge³
睇　戲　同　飲　茶　簡　直　就　係　生　活　嘅

yat¹ bou⁶ fan⁶.
一　部　份。

A: Yün⁴ loi⁴ hai⁶ gam² ge²!
原　來　係　噉　嘅!

SCENE 11

B: Yau⁴ kei⁴ yi⁴ ga¹ Höng¹ gong² ge³ din⁶ ying² ming⁴ sing¹, yi⁵
尤 其 而 家 香 港 嘅 電 影 明 星, 以

hai² Yat⁶ bun² dou¹ hai⁶ gam³ chöt¹ meng² ge³ Sing⁴ lung⁴
喺 日 本 都 係 咁 出 名 嘅 成 龍

wai⁴ doi⁶ biu², köü⁵ dei⁶ pāk³ ge³ hei³, zhan¹ hai⁶ hou² yau⁵
為 代 表, 佢 哋 拍 嘅 戲, 眞 係 好 有

wut⁶ lik⁶ ga³.
活 力 㗎。

A: Gam² yau⁶ hai⁶ zhan¹ ge². Sing⁴ lung⁴ tung⁴ Zhöng¹ mān⁶ yuk²
噉 又 係 眞 嘅。 成 龍 同 張 曼 玉

hai² Yat⁶ bun² yik⁶ dou¹ yung² yau⁵ hou² do¹ ying² mai⁴.
喺 日 本 亦 都 擁 有 好 多 影 迷。

Yat⁶ bun² ge³ din⁶ ying² bei² hei² Höng¹ gong² ge³, chi⁵ fu⁴
日 本 嘅 電 影 比 起 香 港 嘅, 似 乎

m⁴ gau³ hou⁶ zhiu⁶ lik⁶.
唔 夠 號 召 力。

B: Hai⁶ a³, chöü⁴ zho² köü⁵ dei⁶ löng⁵ go³, zhung⁶ yau⁵ hou² do¹
係 呀, 除 咗 佢 哋 兩 個, 重 有 好 多

yau¹ sau³ ge³ nām⁴ nöü⁵ yin² yün⁴ tim¹.
優 秀 嘅 男 女 演 員 添。

A: Hai⁶ ma³? A³, hai⁶ lāk³, gam¹ yat⁶ ngo⁵ dei⁶ da² sün³ höü³
係 嗎? 呀, 係 嘞, 今 日 我 哋 打 算 去

bin¹ gān¹ hei³ yün² ne¹?
邊 間 戲 院 呢?

B: Sing⁴ lung⁴ ge³ san¹ hei³ yi⁴ ga¹ ngām¹ ngām¹ hai² Zhim¹ sa¹
成 龍 嘅 新 戲 而 家 啱 啱 喺 尖 沙

zhöü² Hoi² wan⁶ hei³ yün² söng⁵ ying², bat¹ yü⁴ zhau⁶ höü³
咀 海 運 戲 院 上 映, 不 如 就 去

go² dou⁶ la¹!
嗰 度 啦!

A: Hou² a³, ngo⁵ yi⁴ ga¹ zhan¹ hai⁶ gok³ dak¹ hou² hoi¹ sam¹.
好 呀, 我 而 家 眞 係 覺 得 好 開 心。

Ngo⁵ dei⁶ cho⁵ dik¹ si² höü³, yik¹ wāk⁶ cho⁵ dei⁶ tit³ höü³ ne¹?
我 哋 坐 的 士 去, 抑 或 坐 地 鐵 去 呢?

B: Yi⁴ ga¹ zhung⁶ mei⁶ gau³ zhung¹ hoi¹ chöng⁴, ngo⁵ dei⁶ cho⁵
而 家 重 未 夠 鐘 開 場, 我 哋 坐

dei⁶ tit³ höü³ dou¹ ho² yi⁵ gon² dak¹ chit³.
地 鐵 去 都 可 以 趕 得 切。

A: Gam², nei⁵ wa⁶ dim² zhau⁶ dim² la¹.
噉, 你 話 點 就 點 啦。

B41 ■NOTE■

睇戲	tai² hei³	映画を観る，観劇
度度	dou⁶ dou⁶	いたるところ
不如	bat¹ yü⁴	〜にこしたことはない，〜に及ばない
場	chöng⁴	映画や芝居を数えるときに用いる量詞
街上	gāi¹ söng⁶	市街地街頭
行行吓	hāng⁴ hāng⁴ ha⁵	ちょっと歩く
發覺	fāt³ gok³	発覚する，発見する
戲院	hei³ yün²	映画館
尤其	yau⁴ kei⁴	とりわけ
電影明星	din⁶ ying² ming⁴ sing¹	映画スター
成龍	Sing⁴ lung⁴	＜人名＞ジャッキー・チェン
拍	pāk³	（映画を）撮る
張曼玉	Zhöng¹ mān⁶ yuk²	＜人名＞マギー・チャン
擁有	yung² yau⁵	保有する，持つ，抱え持っている
影迷	ying² mai⁴	映画ファン
電影	din⁶ ying²	映画
似乎	chi⁵ fu⁴	〜のようである，〜らしい
唔够	m⁴ gau³	不足している，充分ではない
號召力	hou⁶ zhiu⁶ lik⁶	呼びかける力，動員力
演員	yin² yün⁴	俳優
新戲	san¹ hei³	新着映画
海運戲院	Hoi² wan⁶ hei³ yün²	映画館の名
地鐵	dei⁶ tit³	地下鉄
趕得切	gon² dak¹ chit³	間に合う
你話點就點啦。		（決まり文句で）あなたにお任せいたします

練習問題

1. 次の日本語を広東語に訳しなさい。
   1) どこで映画の切符を買うの？
   2) 映画に間に合うためには、何時にホテルをでればよいですか？
   3) まだ席はありますか？
   4) あなたがそうしなければならないというからには、仕方がありませんね。
   5) 主役（"主角 zhü²gok³"）は誰ですか？

2. 次の広東語を日本語に訳しなさい。
   1) 唔該你，同我帶位喇。
   2) 你話邊件衫靚呀？
   3) 嗰日下晝我哋睇戲嗰陣時，佢同我講，話想喺去香港之前學幾句廣東話。
   4) 如果你請飲茶我幾時都得閑。
   5) 我唔中意睇書，亦唔中意睇報紙，我中意睇戲。

EPILOGUE **FAREWELL**

Sung³ hāng⁴
送 行

B: M⁴ ging¹ m⁴ gok³, gam¹ yat⁶ zhau⁶ hai⁶ sung³ bit⁶ ge³ yat⁶
唔 經 唔 覺， 今 日 就 係 送 別 嘅 日

zhi² lāk³.
子 嘞。

A: Hai⁶ a³, gam¹ yat⁶ ha⁶ zhau³ yat¹ dim² bun³ ge³ fei¹ gei¹.
係 呀， 今 日 下 晝 一 點 半 嘅 飛 機。

B: Gam², zhau⁶ hai⁶ JAL ge³ yat¹ sei³ yat¹ bān¹ gei¹ lāk³.
噉， 就 係 JAL 嘅 一 四 一 班 機 嘞。

Ngo⁵ sung³ nei⁵ höü³ gei¹ chöng⁴ la¹.
我 送 你 去 機 場 啦。

Ngo⁵ sap⁶ yat¹ dim² bun³ lai⁴ zhau² dim³ zhip³ nei⁵, nei⁵ hai⁵
我 十 一 點 半 嚟 酒 店 接 你， 你 喺

dāi⁶ tong⁴ dang² ngo⁵ la¹.
大 堂 等 我 啦。

A: Gam², zhan¹ hai⁶ lou⁴ fān⁴ sāi³ lok³. Ngo⁵ zhāu² ding⁶ sāi³ sou³
噉, 眞 係 勞 煩 嗮 咯。 我 找 定 嗮 數

dang² nei⁵ lai⁴ zhip³ ngo⁵ la¹.
等 你 嚟 接 我 啦。

B: Gam², zhau⁶ gam² bān⁶ la¹. Dang² zhan⁶ zhoi³ gin³ la¹.
噉， 就 噉 辦 啦。 等 陣 再 見 啦。

A: Hai² nei⁵ bāk³ mong⁴ zhi¹ zhung¹, lou⁴ fān⁴ nei⁵ pui⁴ ngo⁵,
喺 你 百 忙 之 中，勞 煩 你 陪 我，

zhan¹ hai⁶ m⁴ hou² yi³ si³ lāk³.
眞 係 唔 好 意 思 嘞。

Gam¹ chi³ ngo⁵ lai⁴ Höng¹ gong² gei³ yau⁵ yi³ yi⁶ yau⁶ wān²
今 次 我 嚟 香 港 既 有 意 義 又 玩

dak¹ hoi¹ sam¹.
得 開 心。

B: Nei⁵ gam³ gong² ngo⁵ zhau⁶ hoi¹ sam¹ lok³.
你 咁 講 我 就 開 心 咯。

Ni¹ dou⁶ hai⁶ di¹ siu² yi³ si³, nei⁵ sau¹ zho² köü⁵ la¹.
呢 度 係 啲 小 意 思，你 收 咗 佢 啦。

A: Wa¹, zhan¹ hai⁶ tāi³ do¹ zhe⁶ lok³. Nei⁵ tāi³ hāk³ hei³ lāk³.
哇，眞 係 太 多 謝 咯。你 太 客 氣 嘞。

Do¹ zhe⁶ nei⁵ ge³ zhiu³ gwu³, yi⁴ che² yau⁶ sung³ lai⁵ mat⁶
多 謝 你 嘅 照 顧，而 且 又 送 禮 物

bei² ngo⁵ tim¹, ngo⁵ dou¹ m⁴ zhi¹ yiu³ dim² do¹ zhe⁶ nei⁵ zhi³
畀 我 添，我 都 唔 知 要 點 多 謝 你 至

hou².
好。

B: M⁴ sai² gam³ hāk³ hei³, nei⁵ fān¹ zho² höü³ zhi¹ hau⁶, dak¹
唔 使 咁 客 氣，你 返 咗 去 之 後，得

hān⁴ zhau⁶ se² fung¹ sön³ bei² ngo⁵ la¹.
閒 就 寫 封 信 畀 我 啦。

A: Ngo⁵ yat¹ ding⁶ wui⁵ se² ge³. Gam² nei⁵ bou² zhung⁶ la¹.
　　我　一　定　會　寫　嘅。　噉　你　保　重　啦。

B: Gam², zhuk¹ nei⁵ yat¹ lou⁶ sön⁶ fung¹.
　　噉，　祝　你　一　路　順　風。

A: Zhoi³ gin³.
　　再　見。

B: Bāi¹ bāi³.
　　拜　拜。

B43 ■NOTE■

送行	sung³ hāng⁴	見送り（をする）
唔經唔覺	m⁴ ging¹ m⁴ gok³	知らず知らず，いつのまにか
日子	yat⁶ zhi²	日，〜の日
大堂	dāi⁶ tong⁴	ロビー
勞煩	lou⁴ fān⁴	心配する
找定哂數	zhāu² ding⁶ sāi³ sou³	すっかり勘定をすませておく。"找數"は「お勘定」の意。"定哂"で「すっかり〜しておく」の意
噉辦	gam² bān⁶	そうする，そのようにする
百忙之中	bāk³ mong⁴ zhi¹ zhung¹	お忙しい中
陪	pui⁴	同伴する，お供する
既〜又	gei³ 〜 yau⁶	〜であるうえにまた〜である
小意思	siu² yi³ si³	心ばかりのもの，ほんの志
哇	wa¹	わあ
照顧	zhiu³ gwu³	世話をする，面倒を見る
保重	bou² zhung⁶	自愛する，身体を大切にする，どうぞお大切に
一路順風	yat¹ lou⁶ sön⁶ fung¹	道中ご無事で

EPILOGUE

練習問題

1. 下線部にそれぞれの語句をいれて発音練習しなさい。

 1) 我送你去＿＿＿啦。

   ① 巴士站

   ② 火車站

   ③ 機場

 2) 今次我喺＿＿＿既有意義又玩得開心。

   ① 中國

   ② 日本

   ③ 香港

2. 次の日本語を広東語に訳しなさい。

 1) お帰りになってからも、時々お手紙を下さい。

 2) きっと書きます。あなたのご健康をお祈りいたします。

 3) のちほどまた会いましょう。

 4) 今日の午前十時十五分の飛行機です。

 5) あなたにそう言っていただければ私も嬉しいです。

本文日本語訳例

第二部　広東語基本会話

LESSON 2　おはようございます
A：おはようございます，ミス林。
B：おはようございます，加藤さん。お元気ですか？
A：元気です，ありがとう。あなたは？
B：私も元気です，ありがとう。
A：ミスター林とミセス林はお元気ですか？
B：2人とも元気です，ありがとう。
A：さようなら，ミス林。
B：さようなら，加藤さん。

LESSON 3　おかけください
A：お入りください。
B：ありがとう。
A：おかけください。
B：ありがとう。
A：どういたしまして。お名前は？
B：加藤と申します。どうぞよろしく。
A：ご遠慮なく。お茶をどうぞ。
B：ありがとう。お構いなく。
A：どういたしまして。

LESSON 4　本を持っていますか？
A：本を持っていますか？
B：はい，本を持っています。
A：ペンを持っていますか？
B：はい，私もペンを持っています。
A：彼は持っていますか？
B：彼は持っていません。
A：あなたは何を持っていますか？
B：鉛筆を4本持っています。
A：他に持っていますか？
B：他に2本持っています。
A：時計をしていますか？
B：しています。
A：誰か来ましたか？
B：誰も来ていません。

LESSON 5　これは何ですか？
A：これは何ですか？
B：それは腕時計です。
A：どれがあなたのですか？
B：これが私のです。
A：これらは何ですか？
B：それらはチョコレートです。
A：これらは誰のですか？
B：私のです。
A：それらは誰が買ってきたのですか？

B：林さんが買ってきたものです。
A：これですか？
B：はい。
A：これはあなたのですか？
B：私のではありません。

LESSON 6 いま何時？

A：1年は何ヵ月ですか？
B：1年は12ヵ月です。1月，2月，3月，4月，5月，6月，7月，8月，9月，10月，11月，12月です。
A：1ヵ月は何日ですか？
B：1ヵ月は30日と31日ですが，2月は28日かあるいは29日です。
A：1週間は何日ですか？
B：1週間は7日です。
A：何曜日と何曜日ですか？
B：月曜日，火曜日，水曜日，木曜日，金曜日，土曜日，日曜日です。
A：1日は何時間ですか？
B：1日は24時間です。
A：1時間は何分ですか？
B：1時間は60分です。
A：「1個字」は何分ですか？
B：「1個字」は5分です。
A：1分間は何秒ですか？
B：1分間は60秒です。
A：「1個骨」は何分ですか？
B：「1個骨」は15分です。
A：今日は何月何日何曜日ですか？
B：今日は10月10日火曜日です。
A：今何時ですか？
B：今は2時10分です。

LESSON 7 お生まれはいつですか？

A：お名前は何とおっしゃいますか？
B：姓は加藤，名前は稔です。
A：加藤さんは日本人ですか，それとも中国人ですか？
B：私は日本人です。お尋ねしますが，あなたは香港の方ですか，それとも台湾の方ですか？
A：私は香港人です。加藤さんはいつお生まれですか？
B：1955年に生まれました。
A：お誕生日は何月何日ですか？
B：私の誕生日は2月18日です。
A：今年おいくつですか？
B：今年で34歳です。
A：今どちらの会社でお仕事をなさってますか？
B：今は「日本印刷社」で働いています。
A：香港にはどのくらい滞在されるおつもりですか？
B：3，4年住むつもりです。
A：香港にご親戚かご友人がいらっしゃるのですか？
B：おりません。友人もいないし親戚もおりません。

LESSON 8 紹 介

A：こんにちは。
B：こんにちは。
A：お名前は？
B：加藤と申します。あなたは？
A：私は陳と申します。これが私の名刺です。どうぞよろしく。
B：ありがとう。これが私の名刺で

す。こちらこそよろしく。
A：加藤さん，あなたは東京の方ですか？
B：はい，私は東京生まれです。
A：いつ香港に来られましたか？
B：今年の3月に来ました。
A：ご結婚はされてますか？
B：まだ結婚していません。
A：ごきょうだいは何人おられますか？
B：姉が1人と弟が1人います。姉はもう結婚しました。弟は大学で学んでいます。
A：加藤さんの広東語はお上手ですが，勉強なさったことがあるのですか？
B：はい。大学で学んでいたときに，少しばかり中国語と広東語をやりました。ですから少し話せます。
A：それでは加藤さんはどのくらい勉強なさったんですか？
B：1年くらい学びました。
A：どうりで上手に話せるのですね。
B：どういたしまして。

LESSON 9　広東語が話せますか？

A：あなたは広東語が話せますか？
B：少し話せますが，あまりうまくはありません。
A：どうやって広東語を勉強しましたか？
B：私は先生を一人やとって教えてもらいました。
A：どのくらい広東語を勉強しましたか？

B：それほど長い期間ではありません。
A：あなたはとても上手ですよ。
B：そんなにうまくありません，ほめすぎですよ。
A：どうすればうまく勉強できますか？
B：ことばを学ぶには，はずかしがっていてはだめです。はずかしがらなければ，覚えることができます。
A：その通りですね。それではあなたはどうして広東語を学ぼうと思ったんですか？
B：香港に行って仕事をしなければならなかったからです。ご存じでしょう。香港の中国人はほとんどが広東人で，広東語ができなければ，生活も不便だし，仕事のしようもありません。
A：おっしゃるとおりです。それでは一所懸命勉強してください。
B：きっとやります。ご安心ください。

LESSON 10　両　替

B：加藤さん，おでかけですか？
A：はい，両替に行こうと思って。
B：そうですか。銀行に行くのですか，それとも「銭荘」に行くのですか？
A：「銭荘」と言うのは何ですか？
B：私設の両替屋です。
A：ではどこが両替レートがよいのですか？

B：レートが一番いいのは銀行です。その次が両替屋です。ホテルにも両替所がありますが、レートはかなり悪いです。
A：本当ですか？
B：でも今日は日曜日だから銀行は休みです。
A：それじゃあ困りましたね。
B：あまり多く両替しないなら、両替屋に行って両替しても、そんなに損はしないでしょう。まして今ならこんなに円高ですからね。
A：そのとおりですね。ではまず5万円両替しましょう。

LESSON 11　ヤムチャ

A：ねえ、加藤さん、起きて！
B：あなたはこんなに早く起床したの、今何時ごろですか？（何時ですか？）
A：早くありませんよ、今11時半です。
B：えっ、もうそんなにおそい（時間）の。
A：そうですよ、お昼を食べに行きませんか？
B：ええ、どこに行きましょうか？
A：香港に来てから、ヤムチャには行きましたか？
B：まだ行ったことがありません。
A：じゃあ、今日のお昼はヤムチャに行きましょう。
B：はい。
A：そこの茶楼（レストラン）はいかがでしょうか？
B：ええ。
C：何名様ですか？
A：2名です。
C：8番テーブルへどうぞ。
A：ありがとう。
A：どんなお茶が好きですか？
B：あまりよく知りませんから、おまかせします。
C：何のお茶にしますか？
A：香片（ジャスミン茶）をください。
C：お食事のご注文は？
A：メニューを見せてください。
C：メニューはここにあります。
A：加藤さん、何が食べたいですか？
B：なんでもかまいません。何でもいけます。
A：エビ入り餃子とチャーシュー入り饅頭は食べたことがありますか？
B：どちらも食べたことがありません。
A：すみません。エビ入り餃子2皿とシューマイ1皿、それから排骨（スペアリブ）を1皿ください。
C：はい。
A：ちょっと試してみてください。ここのはとてもおいしいんですよ。
B：そうですね。ここの点心はとてもおいしい。
A：たくさん食べてください。
B：もう結構。おなかいっぱいです。
A：お姉さん、お勘定。
D：ありがとうございました。55.5ドルです。
B：ここは私がおごりますよ。
A：ともだちでしょう。遠慮なさら

ずに。
はい、60ドル、お釣りはいりません。
D：ありがとうございました。

LESSON 12　ショッピング(1)

A：おはよう、奥さん、今日は魚はどうです？　新鮮ですよ。
B：おはよう、今日はハタはいくら？
A：1両、2ドルです。
B：えっ！　そんなに高いの。
A：高くありません。新鮮な魚ですよ。
B：この魚どのくらいあるか量ってちょうだい。
A：はいよ！　だいたい1斤だから、1ドルまけて、31ドルです。
B：ねえ、しっかり量ってよね。30ドルにしなさいよ。いいでしょ？
A：いつもごひいきにしてもらってるのに、だますわけないでしょ、安心してくださいよ。

LESSON 13　ショッピング(2)

A：おじょうさま、何かおさがしですか？
B：ちょっとしたプレゼントを買いたいの。日本に持って帰ってともだちにあげるの。
A：では、このレースのハンカチとアクセサリーなどはいかがでしょう？　お気に召しましたらディスカウントいたしますよ。
B：どちらもいいと思うわ。ハンカチ5枚とアクセサリーを5個ください。きれいに包んでね。

A：では30ドルいただきます。
B：たくさん買ってあげたのに、おまけしてくれないの。
A：もう2割引になっているんですよ。これ以上はまけられません。
B：わかったわ。はい、50ドル。
A：20ドルのお返しです、ありがとうございます。ほかに何かお要りようですか？
B：すみませんが、あのTシャツを見せてください。
A：では、こちらはどうです？　これはあっちより安いですよ。
B：ちょうどいいわ、これください。

LESSON 14　電話をかける(1)

A：もしもし、YKD社ですか？
B：もしもし、どなたをおさがしですか？
A：山口さんはいらっしゃいますか？
B：用事で出ていますが。
A：いつごろお帰りかわかりますか？
B：彼は言い残して行かなかったので、いつ帰るかわかりません。
A：もしお帰りになったら、私に電話をくれるよう伝えていただけませんか？
B：そちら様のお名前は？
A：加藤と申します。
B：彼はあなたの電話番号を知っていますか？
A：私の電話は九龍の692854です。
B：わかりました。彼が帰りましたらお電話をさせます。
A：ありがとうございます。

LESSON 15　電話をかける(2)

A：もしもし，おはようございます。こちら遠東貿易です。

B：もしもし，すみませんが趙経理をお願いします。

A：申し訳ありません。趙経理はちょうど用事で外出したところです。私は彼の秘書です。あなたのお名前は？　何かお伝えしておくことがございますか？

B：私は日本印刷社の加藤と申しますが，彼はいつごろお戻りかわかりますか？

A：私もはっきりとはわかりませんが，本日午後3時よりわが社で業務会議がございますので，彼も3時前までにはきっと間に合うように帰ると思いますが。

B：では，お手数ですが，趙経理がお戻りになりしだい，彼に，私が電話をかけてきたとお伝えいただけますか？

A：わかりました。戻りしだい，彼に話します。

B：ではお願いいたします。

A：どういたしまして。

LESSON 16　商　談(1)

〈オフィスにて〉

A：すみません，私は発達洋行の王志強と申しますが陳経理と2時半にお会いする約束なんですが。

B：はい。こちらへどうぞ。陳経理は応接室でお待ちです。

A：ああ，あなたが陳経理ですか。私は発達洋行の王志強です，これが私の名刺です。

C：ああ，王主任，お名前はかねがねうけたまわっております。どうぞ，おかけください。

A：恐れ入ります。以後よろしくお願いいたします。私が今日参ったのはわが社が注文した例の製品の状況をおうかがいしようと思いまして。

C：あの製品は，貴社が輸出許可証の作成を急いでいるのはわかっていますので，今週，工場に残業させてあなたがたに間に合わせるようにいたします。

A：本当にお世話様です。それで，だいたいいつごろ製品をいただけますでしょうか？

C：今週の土曜日なら大丈夫でしょう。工場で梱包が終わったら，すぐにお知らせいたします。

A：ではお願いいたします。

LESSON 17　商　談(2)

〈茶楼にて〉

A：やあ，陳さん，お待たせしました。

B：やあ，李さん，そうでもありません，私もちょっと前に来たばかりですよ。水仙茶でいいですか？

A：はい，おまかせします。商売の話で相談したいことがあるんですが。

B：何かうまいもうけ話がありますか？

A：先月北京で，あちらと契約したんですが，中国画をここへ運んで

来て展示即売をするんですよ。
B：今ここでは中国の山水画がうけてますから、そのアイディアは素晴らしいですよ。
A：それであなたに相談したかったのは、あなたの店の２階を借りて展示場にしようと思いまして。絵を売った利益は七三で分けるというのはいかがでしょう？
B：もちろんいいですよ。それに私も山水画が好きなんですよ。では、今度は大いに目を楽しませてもらった上に、ちょっとした副収入もかせげるというわけだ。
A：それではいっそそうしましょう。ああ、私たちも何か見つくろって食べましょう。

LESSON 18　インフルエンザ

A：最近中村さんは身体の調子があまりよくないそうですが。
B：先週街で彼に会ったら、かぜをひいてるみたいで、彼の話によると、何日か前に熱もあったそうですよ。
A：彼はきっと「インフルエンザ」にかかったんだと思います。最近医者の友人から聞いたんですが、ちかごろはインフルエンザの流行期で、もしちょっと気をつけないとすぐにかぜをひくし、暑かったり寒かったりでかぜをひきやすくなっていますからね。
B：そうですね。ちかごろの天気は暑かったり寒かったりで、朝晩の気温差が７、８度はありますから、気をつけていないと本当にすぐかぜをひいてしまいます。
A：インフルエンザはうつりやすいそうですからね。わたしたちも気をつけなければなりません。
B：じゃあ中村さんの家族はそれに注意しているでしょうか。家族は接触する時間も多いですから、うつる機会も特に多いはずだよ。
A：おお、今なら私たちどちらも時間がありますので、中村さんの家へ行き、彼を見舞った方がいいですね。
B：そうですね。

第三部　香港旅行会話

PROLOGUE　香　港

香港という名は、香港本島、九龍半島南端から北へ深圳河にいたる新界の地域、及び235の島々を含めていう。全土の面積は約1067平方キロである。

この100年の絶え間ない発展を経て、現在はもとの荒涼たる漁村から一躍国際十大貿易港の一つとなった。

人口は約五百四十万人で、世界で最も人家の建て込んだ地域の一つである。

香港は亜熱帯の範囲に属しているが、一年のうち、半年近くは、気候は温帯の地方によく似ている。一年の平均気温は摂氏22度で、冬は７度から21度、夏は31度となり、一年の

内で11月と12月の天気が最もよい。

SCENE 1 機内で
A：すみません，30号Bはどこでしょう？
B：30号Bはここです。
A：どうも，ありがとう。
B：何をお飲みになりたいですか？
A：何がありますか？
B：ジュース，ビール，ウィスキー，ブランデーなどです。
A：すみませんが，ウィスキーの水割りをください。
B：はい。
A：ありがとう。あ，そうだ，香港まではどのくらいかかりますか？
B：すぐです。あと30分ほどで着きます。あなたは香港には初めて行かれるのですか？
A：はい，初めてです。
B：そうですか。ではどうぞお楽しみくださいませ。
香港は買物天国ですし，それに本場のいわゆる「食は広州にあり」という場所ですから，おいしい料理がたくさんありますよ。
A：そうですか。私は香港がとてもたのしみです。
B：それにあなたは広東語が話せますから，どこへ行っても問題はありませんよ。
A：それほどではありませんよ。愉快な旅行になればと願っています。

SCENE 2 入国審査
A：あ，すみません，入国手続きはどこですればいいのですか？
B：ここです。あなたのパスポートを見せてください。
A：はい。
B：香港へいらした目的は何ですか？
A：観光（旅行）に来ました。
B：香港は初めてですか？
A：はい。
B：どのくらい滞在する予定ですか？
A：一週間です。
B：はい，ここでの手続きは終わりました。続いてあちらの税関へ行ってください。
A：はい，ありがとう。

SCENE 3 税　関
A：税関はどこですか？
B：ここです。
　荷物はこれだけですね？
A：はい。このハンドバッグとこの旅行カバンだけです。
B：では，すみませんが荷物を開けてちょっと見せてください。
A：はい。衣類と友達にあげる贈物が少しあるだけです。
B：香港の税関はタバコ，酒，香水の持込みを制限している他は，携帯品はすべて免税です。
　何か申告する必要のあるものをお持ちですか？
A：ありません。申告しなければいけないものはありません。
B：では結構です。お通りください。

本文日本語訳例

SCENE 4 空　港

A：あの，すみません，あなたは加藤さんではありませんか？

B：そうです。ではあなたは李さんでしょう。どうもすみません。わざわざ迎えにきていただいて。どうぞよろしく。

A：どういたしまして。陳さんは私の友人ですし，あなたは彼の学生さんですから，私たちはぎょうぎょうしい話は抜きにいたしましょう。あなたは初めて香港へいらしたんですか？

B：はい。陳先生によれば，あなたはもうホテルを予約してくださったそうですね。

A：はい。あなたは飛行機から降りたばかりでお疲れでしょう，先にホテルまでお送りさせてください。

B：どうもお手数をかけます。

SCENE 5 ホテル

B：いらっしゃいませ。お部屋は予約してございますか？

A：はい。加藤と申します。

B：ええと…ございました。615号室です。ツインで一泊500ドルですが，よろしいでしょうか？

A：結構です。

B：では，この登録カードにあなたの姓名，住所，パスポートナンバーをお書きください。

A：はい。書けました。

B：何泊されるご予定ですか？

A：六泊です。

B：はい。これがあなたのキーです。ボーイにお部屋までご案内させましょう。

A：ありがとう。

SCENE 6 交　通

〈香港の主な交通手段〉

①地下鉄…九龍半島の各駅を運行し，海底トンネルを通り香港の各地へいたる。

②列車…九龍紅磡駅から出発し，沙田，大埔，粉嶺を経て羅湖（香港と中国大陸の境界）にいたる。

③フェリー…香港・九龍両岸を往来し，一部は香港と離島の間を結ぶ。

④電車…香港島にだけある。電車（トラム）は線路式で二階だての交通手段である。電車はもともとイギリスから運ばれたもので，今では世界でも珍しい。

⑤バス…二階だてと一階だての二種類があり，香港・九龍両地で走っている。

⑥ケーブルカー…これも香港の名物で，すでに百年近い歴史がある。ビクトリア・ピークに登るには欠かせない交通手段である。

⑦ミニバス…市街，郊外，香港・九龍両地で走らないところはない14人乗りの小型バスで，料金はバスよりやや高い。

⑧タクシー…新界のタクシーは新界の各地だけを走り，ボディは緑色である。普通のは一般に赤い。

①バスに乗る
A：すみません，このバスは植物園へ行きますか？
B：このバスは植物園には行きません。でも，SOGOデパートの所まで乗って，その後で23番に乗り換えればよいです。
A：どうもありがとう。でもSOGOデパートに行くにはどこで降りればいいかわかりません。
B：私もちょうどそこへ行くところですから，しばらくしてそこに着いたら，私と一緒に降りればいいですよ。
A：本当にどうもありがとうございます。

②タクシーに乗る
A：タクシー！
B：お嬢さん，どちらまで？
A：ネイザンロードのホリディインホテルまで。
B：この時間だと，ネイザンロードをまっすぐ行くと道が混みます。カントンロードを通ってネイザンロードに出るのでかまいませんか？
A：まかせます。あまり道を知りませんから。
B：お嬢さん，着きました。21.5ドルです。
A：はい。じゃあ22ドル，お釣りはいりません。
B：ああ，ありがとうございます。

③船に乗る
A：前方がスターフェリー埠頭です。
B：では，私が切符を買いましょう。
A：なぜ切符を買うの？ ここでは自動領収機を使っているんですよ。
B：私は小銭がありません。
A：上と下とどちらに乗りたいですか？ 上は一等で80セント，下は二等で60セントです。
B：どちらでも。どのみち8分程度で着くんですから。
A：そうですね。
B：ここに1ドルありますから，領収機に入れれば自動的にお釣りをくれます。

SCENE 7 香港観光(1)
〈ビクトリアピーク〉
A：ケーブルカーが来ました。早く上りましょう。
B：ケーブルカーでどのくらいで山頂に着きますか？
A：だいたい10分前後です。
B：わあ！ ここからの夜景は素晴らしいですね！
A：そうです。香港の夜景は世界でも有名です。ですから「東方の真珠」という称号があるんです。
B：山頂のここからは香港と九龍の市街の全景が見渡せますね。
A：行き交っているのは九龍と香港を往来しているフェリーです。
B：あれらの船は見たところまるでオモチャのようですね。
A：あのとても高いビルが，ハチソ

ンハウスといって香港でも有名な建築物です。

SCENE 8 香港観光(2)
〈アバディーン〉
B：ここがアバディーンです。以前はただの漁村でしたが、数十年前に水上レストランを開いてから、すぐに有名になりました。
A：小さな漁船がいっぱいありますね。
B：ここは水上に居住している蛋民たちの根拠地です。以前はこの小さな入り江に、数千のサンパンが集まっていました。
A：どのようにして水上レストランに行くのですか？
B：サンパンが一晩中水上レストランと海岸を絶え間なく往復し、お客の送り迎えをします。
さあ、私たちもサンパンに乗って、ジャンボ海鮮レストランへ参りましょう！
A：あれが水上レストランですね？まるで竜宮のように美しいですね！
B：あそこの海鮮は比べようもありません。客は自分で選んだ魚を、最高級の広東料理にして食べることができます。
A：それはいいですね。私は新鮮な魚が一番の好物なんです。

SCENE 9 香港観光(3)
①タイガーバームガーデン
B：ここが虎印の膏薬、万金油で成功した胡文虎のお屋敷です。香港の人は一般にタイガーバームガーデンと呼んでいます。
A：これらのグロテスクで、さまざまな形の人物や動物の像はいったい何ですか？
B：これらの人物像や動物像は、中国の民間伝説をもとに、粘土で作り、その上に鮮やかな色が着けてあります。
A：屋敷の中には何がありますか？
B：中にはたくさんの貴重なヒスイなどが集められています。
聞くところによると、今胡家では万金油の商売だけではなく、彼らの子孫が新聞雑誌の出版やレストランの経営などの事業も行っているそうです。

②レパルスベイ
A：レパルスベイへ行きたいのですが、バスにどう乗って行けばよいでしょう？
B：中環のスターフェリー埠頭から二階だてバスに乗り、だいたい半時間で着きます。
A：わあ、あの半月型のビーチは、三方を緑の丘陵に囲まれ、一面の白い砂で本当に美しいですね！
B：南方を見てください。あれがオーシャンパークですよ。
A：香港では、水泳シーズンはだいたいいつからいつまでですか？
B：一般的にいって、3月から11月初めくらいです。

A：あれ，あそこにあるのは仏像のようですね。
B：ああ，あれは天后さまの仏像です。仏像のそばには天后廟があります。
A：あそこにはいくつか小さな飲食店がありますね。
B：ええ。飲食店のそばには脱衣所があって，それに小型のテントなんかもレンタルしています。

SCENE 10 映画を観る

B：香港に来てからだいたいどこにも行きましたね。
今日は映画を観に行きませんか？
A：街を歩いていて，香港には映画館が多いのに気がつきました。
B：そうです。香港人は映画を観るのがとても好きなんです。映画とヤムチャは，まさに生活の一部分です。
A：そういうわけですか！
B：とくに今香港の映画スターは，日本でもとても有名なジャッキー・チェンを代表として，彼らの撮る映画は，本当に元気がいいんですよ。
A：本当にそうですね。ジャッキー・チェンとマギー・チャンは日本にもたくさんのファンがいますよ。日本の映画は香港のに比べて，人気はないようです。
B：そうですか。彼ら二人の他にも，たくさんの優秀な男優・女優がいますよ。

A：そうですか。じゃあ，今日はどこの映画館へ行きましょうか。
B：ジャッキー・チェンの新作が今ちょうど尖沙咀の海運劇場で上映されています。そこに行きましょう！
A：いいですね。今とてもうきうきしていますよ。タクシーで行きますか，それとも地下鉄に乗って？
B：今はまだ開場時間になっていませんから，地下鉄で行っても間に合います。
A：では，あなたにお任せします。

EPILOGUE

B：知らないうちに，今日はお別れの日になってしまいました。
A：ええ。今日午後1時半の飛行機です。
B：では，JAL141便ですね。空港までお送りします。11時半にホテルに迎えに行きますから，ロビーで待っていてください。
A：本当にご心配かけます。チェックアウトをすませてあなたをお待ちします。
B：じゃあ，そうしましょう。またあとで。
A：お忙しいなか，わたしにお付き合いいただいて，本当に恐れ入ります。今回は香港にきてとても有意義で，また楽しく遊べました。
B：そう言っていただき，私もうれしいです。これはつまらないものですが，お納めください。

本文日本語訳例

A：わあ，これはどうもありがとう。そんなおかまいなく。あなたのお心遣いに感謝しています。そのうえプレゼントまでいただいて，感謝の仕様がありません。
B：ご遠慮なく。お帰りになったら，お暇の折りに手紙を書いてください。
A：きっと書きます。どうぞお元気で。
B：ではお気をつけて。
A：さようなら。
B：バイバイ。

練習問題解答例

第二部　広東語基本会話

LESSON 1
1.1)　1　　3　　5　　7　　9
　　　2　　4　　6　　8　　10
　2)　15　19　42　60
　　　1,000　17　150　26.
2.1) 27
　2) 38
　3) 55
　4) 90%
　5) 0.2

LESSON 2
1.略
2.1) 早晨。
　2) 你好嗎?
　3) 先生。
　4) 小姐。
　5) 有心。
　6) 再見。
3.1) 早晨。
　2) 再見。
　3) 早抖。
　4) 佢哋。
　5) 我都幾好。

LESSON 3
1.略
2.1) 貴姓呀?
　2) 請入嚟啦。
　3) 唔使唔該。
　4) 唔使客氣。
　5) 請多多指教。

LESSON 4
1.略
2.1) 一杯酒。
　2) 兩個碟。
　3) 三間屋。
　4) 乜嘢。
　5) 電腦。
3.1) 你有乜嘢?
　2) 你有冇原子筆呀?
　3) 重有三枝。
　4) 我都有膠擦。
　5) 有人嚟冇呀?

LESSON 5
1.略
2.1) 呢個。
　2) 嗰個。
　3) 邊個。
　4) 點解。

5）手表。
3.1）邊個係你嘅?
2）呢個係乜嘢?
3）唔係我嘅。
4）係唔係呢個?
5）唔係嗰啲。

LESSON 6

1.略
2.1）今週。
2）来年。
3）水曜日。
4）日曜日。
5）明日。
3.1）後日係星期(禮拜)六。
2）今日係十二月二十九號(日)。
3）嘳日係星期(禮拜)二。
4）而家幾點鐘?
5）而家畀五分三點。

LESSON 7

1.略
2.略
3.1）你嘅生日係幾月幾號呀?
2）你打算喺香港住幾耐呀?
3）你今年幾多歲呀?
4）我嘅生日係一月一號。

LESSON 8

1.略
2.1）佢係邊度學廣東話呀?
2）你學咗幾耐呀?
3）學咗差唔多兩年嘞。
4）佢結咗婚未呀?
5）我喺大阪出世。

LESSON 9

1.略
2.1）你點樣學日本話㗎?
2）你講得幾好吖!
3）你點解要學英文呀?
4）如果我唔會講廣東話嘅話,生活就好唔方便。
5）你放心喇!

LESSON 10

1.略
2.1）唔該你將呢啲港紙同我換日本Yen(圓)啦。
2）唔該、銀行喺邊度呀?
3）邊度可以換錢呀?
4）我唔見咗張現金咭。
5）唔該你將呢張一千文港紙同我暢十張一百文港紙。

LESSON 11

1.略
2.1）眞係好少。
2）你嚟廣州之後、去過飲茶未呀?
3）我唔係幾識。
4）畀個菜牌嚟睇吓先。
5）你中意乜嘢顏色呀?

LESSON 12

1.略
2.1）有冇貴啲㗎?
2）呢個(對、件)大得滯,重有冇細啲嘅呢?
3）喊唪唥七十文。
4）我唔要收據。
5）啲蝦點賣呀?

練習問題解答例

LESSON 13
1. 略
2. 1）啲豬肉幾錢斤呀?
   2）你要幾多枝啤酒呀?
   3）你有幾多張一百文呀?
   4）兩斤夠喇。
   5）呢枝牙擦幾錢呀?

LESSON 14
1. 略
2. 1）唔該你聽日十點鐘左右再打（電話）嚟啦。
   2）佢知道你嘅電話號碼嗎?

LESSON 15
1. 1）對唔住、佢出咗街（去）。你晏啲再打嚟啦。
   2）乜說話吖。
   3）話畀我知。
   4）我係遠東公司姓山田。
   5）不過佢而家睇緊電視。
2. 1）彼らはもう家に帰りました。明日もう少し早くお電話をかけてきてください。
   2）それではすみませんがおりかえしまたお電話ください。

LESSON 16
1. 1）經理。
   2）唔敢當。
   3）工廠。
   4）以後。
   5）寫字樓。
2. 1）佢食緊飯。
   2）唔係、佢講緊電話。
   3）我而家喺屋企聽緊音樂。
   4）我個仔讀緊書。

LESSON 17
1. 1）私は日本料理の方がもうすこしおいしいと思います。
   2）あなたはこの野菜は新鮮だと思いますか?
   3）陳さんは日本語を習いたくないと言いました。
   4）あなたはどう思いますか?
   5）誰が（値段が）高くないと言いましたか?
2. 1）佢係日本人，我都係。
   2）佢太太唔想去嗰度，噉、佢太太想去邊度呀?
   3）我乜嘢都食。
   4）我冇錢，我太太就冇錢。
   5）我想去香港，不過冇錢。

LESSON 18
1. 1）今日は出かける暇がありません。
   2）最近天気がだいぶ寒くなってきたので，お体に気をつけてください。
   3）それで（もう）お医者さんにみてもらいましたか?
   4）このみずぐすり（水薬）も丸薬（錠剤）も一日三回飲んでください。
   5）日本語で話してよいですか?
2. 1）我想檢查身體。（我想睇醫生。）
   2）我唔舒服。
   3）我唔識用廣東話講病情。

4) 你病咗幾耐呢?
5) 我時時胃痛。

第三部　香港旅行会話

SCENE 1

1.1) 你識唔識講廣東話呀?
2) 唔該你,畀杯拔蘭地加冰水我。
3) 而家唔可以食煙。
4) 有冇識講日本話嘅空中小姐呀?
5) 有冇日本報紙呀?
2.1) 来週の水曜日の午前中に、香港まで行きたいのですが、適当な便はありますか?
2) 香港にはわずかに一つだけ空港があります。九龍に位置し、名を"香港国際啓徳空港"といいます。

SCENE 2

1.1) 你由邊度嚟喫?
2) 你打算住喺邊一度?
3) 我打算喺度住三個禮拜。
4) 請你將國籍、姓名、地址等嘅必要事項塡入呢張咭個度。
5) 我係嚟學廣東話嘅。
2.1) ビザ
2) 出国カード
3) 注射証明書(イエローカード)を見せてください。
4) あなたは香港でどれくらい滞在しましたか?
5) 私はペニンシュラホテルに泊まるつもりです。

SCENE 3

1.1) 私のほかに、妹もここにいます。
2) テレビを見るほかに、映画もたくさん見ます。
3) 寝てばかりではいけません。私達と一緒に勉強しなさい。
4) 私達だけで行きましょう。
5) 荷物を探すのを手伝っていただけますか?
2.1) 除咗啤酒之外,你重中意乜嘢酒呀?
2) 呢個手袋唔係我嘅。
3) 呢啲係送畀朋友嘅禮物。
4) 有冇帶煙仔抑或酒呀?
5) 有啲嘢要申報嘅。

SCENE 4

1.1) 妻は空港へ出迎えに行かなければなりませんが、私は行かなくてもいいです。
2) 彼らは全部食べてしまいましたか?
3) 私に見せてください。
4) 私のかわりに本を取ってください。
5) 今、大雨が降っています。
2.1) 唔該你,同我訂喇。
2) 今晚住嘅酒店,重未訂。
3) 痛就休息吓先啦。
4) 呢架飛機去唔去星加坡?
5) 我重未攞行李。

SCENE 5

1.1) 一日幾多錢房租呀?

2) 有冇空房呀?
3) 你要住幾耐呀?
4) 包唔包飯餐㗎?
5) 我想沖涼先。
6) 唔該找數。
7) 而家可唔可以登記呀?
8) 有冇再好啲嘅房呀?
2.1) 車を一台呼んで下さい。
2) 全部で五千三百ドルです。電話代, 洗濯代もみな入っています。
3) 明日は早く出発したいから六時に起こしてください。
4) ここに住所と氏名をお書きください。

SCENE 6

1.1) 是但　　　どちらでも
2) 頭等　　　ファーストクラス
3) 散銀　　　小銭
4) 百貨公司　デパート
5) 植物公園　植物園
6) 五毫子　　五十セント
7) 下便　　　下
8) 碼頭　　　波止場
9) 找錢　　　おつり
10) 塞車　　　車が込み合う
2.1) 香港大學行のバスはここですか?
2) どこで乗り換えたら便利ですか?
3) 2番のバスはどこからどこまでですか?
4) 廣州行きの切符を一枚ください。

5) お降りの方はございませんか?
6) いずれにしても同じです。
7) おうかがいしますが, ペニンシュラホテルへはどう行きますか?
8) ここから入ってください。
9) ここからまっすぐに行って, それから左に曲がったところです。
10) この飛行機は上海を経由して北京へ行きます。

SCENE 7

1.1) そこから私達は香港の全景をみることができます。
2) いいえ, 彼は電話中です。
3) あのアメリカ人の広東語は広州の人のように上手です。
4) 彼は今香港でたぶん最も有名な人で, 誰でも彼のことは知っています。
2. 略

SCENE 8

1. 略
2.1) 我最歡喜(中意)新鮮嘅生果。
2) 我最歡喜(中意)新鮮嘅菜(蔬菜)。
3) 你喺邊度學廣東話㗎?
4) 以前喺日本嘅大學, 而家香港嘅朋友教我。

SCENE 9

1. 略

練習問題解答例

2.1) 香港には日本のデパートがたくさんあります。例えば伊勢丹，大丸，東急などです。
2) だいたい二十分ぐらいでつきます。
3) あなたはどこへ遊びに行きたいですか？
4) 香港では水泳シーズンはだいたい三月から十一月初めぐらいまでです。

SCENE 10
1.1) 喺邊度買戲飛呀？
2) 呢場戲，幾點鐘由酒店出發就唔會遲到呀？
3) 重有冇座位呀？
4) 你話要噉做，所以冇辦法啦。
5) 主角係邊個呀？
2.1) 座席へ案内していただけますか？
2) あなたはどのシャツがきれいだとおもいますか？
3) あの日の午後私達が映画を見ていたとき，彼は香港へ行く前に，いくつかの広東語を学びたいと言っていた。
4) もしもあなたがヤムチャをおごってくれるなら私はいつでも暇（時間）があります。
5) 私は読書も嫌い，また新聞を読むのも嫌いだが，映画を見るのはすきです。

EPILOGUE
1.略
2.1) 請你返咗去之後、時時寫信畀我啦。
2) 我一定會寫信畀你。我祝你身體健康！
3) 等陣再見啦。
4) 今日上晝十點十五分嘅班機。
5) 你咁講我就開心咯。

語彙一覧

本書 NOTE に現れた語彙を発音順に示した。登場する課を末尾に示した。第二部「広東語基本単語」は L，第三部「香港旅行会話」は S を課数の前に記した。ただし，第三部の PROLOGUE，EPILOGUE についてはそれぞれ SP，SE とした。

A

吖 a^1	L18
吖嗎 a^1 ma^3	L9,L12,S6 ③
吖咩 a^1 me^1	S8
呀 a^3	L3
呃 ak^1	L12

B

巴士 ba^1 si^2	S6
拜托 $bāi^3$ tok^3	L15
敝公司 bai^6 $gung^1$ si^1	L16
百忙之中 $bāk^3$ $mong^4$ zhi^1 $zhung^1$	SE
辦法 $bān^6$ $fāt^3$	L9
辦理 $bān^6$ lei^5	S2
辦妥 $bān^6$ to^5	S2
筆 bat^1	L4,L17
不斷 bat^1 $dün^6$	SP
不過 bat^1 gwo^3	L15
不可缺少 bat^1 ho^2 $küt^3$ siu^2	S6
不停 bat^1 $ting^4$	S8
不如 bat^1 $yü^4$	S10
拔蘭地 bat^6 $lān^1$ dei^2	S1
包（好）裝 $bāu^1$ (hou^2) $zhong^1$	L16
包括 $bāu^1$ $kwut^3$	SP
飽 $bāu^2$	L11
啤酒 be^1 $zhau^2$	S1
畀 bei^2	L11,L13
被 bei^6	S9 ②
碧綠 bik^1 luk^6	S9 ②
邊界 bin^1 $gāi^3$	S6
邊間 bin^1 $gān^1$	L7
邊個 bin^1 go^3	L5
錶 biu^1	L4
噃 bo^3	L11
幫襯 $bong^1$ $chan^3$	L12
保重 bou^2 $zhung^6$	SE
報關 bou^3 $gwān^1$	S3
報刊 bou^3 hon^2	S9 ①

C

差唔多 cha^1 m^4 do^1	L8
叉燒包 cha^1 siu^1 $bāu^1$	L11
差少少 cha^2 siu^2 siu^2	L12
茶 cha^4	L3
茶樓 cha^4 lau^4	L11
趁 $chan^3$	L18
抽紗 $chau^1$ sa^1	L13
車身 che^1 san^1	S6
似 chi^5	SP
似乎 chi^5 fu^4	S10
簽 $chim^1$	L17
淺水灣 $Chin^2$ $söü^2$ $wān^1$	S9 ②
前便 $chin^4$ bin^6	S6 ③
錢莊 $chin^4$ $zhong^1$	L10
清楚 $ching^1$ cho^2	L15

稱 ching¹ cho²	SP	大堂 dāi⁶ tong⁴	SE
請 ching²	L3,L9,L11	得 dak¹	L6,L8
請坐 ching² cho⁵	L3	得閒 dak¹ hān⁴	L18
請多多指教 ching² do¹ do¹ zhi² gāu¹	L3	單 dān¹	L17
		單層 dān¹ chang⁴	S6
請律師 ching² löt⁶ si¹	L9	但係 dān¹ hai⁶	L10
請問 ching² man⁶	L7	蛋民 dān⁶ man⁴	S8
秤 ching³	L12	登記咭 dang¹ gei³ kāt¹	S5
情形 ching⁴ ying⁴	L16	等 dang²	L16,S4
坐 cho⁵	L3	等陣 dang² zhan⁶	S6 ①
菜牌 choi³ pāi²	L11	搭 dāp³	S6 ①
菜式 choi³ sik¹	S1	逗留 dau⁶ lau⁴	S2
場 chöng⁴	S10	地道 dei⁶ dou⁶	S1
出名 chöt¹	S7	地鐵 dei⁶ tit³	S10
出(咗)去 chöt¹ (zho²) höü³	L14	聽講 deng¹ gong²	L18
出口單 chöt¹ hau² dān¹	L16	定 deng⁶	L16
出去 chöt¹ höü³	L10	訂 deng⁶	S4
出世 chöt¹ sai³	L7	訂好 deng⁶ hou²	S5
出咗~之外 chöt¹ zho² ~ zhi¹ ngoi⁶	S3	啲 di¹	L5
出租 chöt¹ zhou¹	S9 ②	的士 dik¹ si²	S6
隨便 chöü⁴ bin²	S6 ②	點解 dim² gāi²	L9
全地 chün⁴ dei⁶	SP	點賣 dim² māi⁶	L12
全年 chün⁴ nin⁴	SP	點心 dim² sam¹	L11
存衣處 chün⁴ yi¹ chü³	S9 ②	點樣 dim² yöng²	L9
		點鐘 dim² zhung¹	L6
D		電車 din⁶ che¹	S6
		電影 din⁶ ying²	S10
打開 da² hoi¹	S3	電影明星 din⁶ ying² ming⁴ sing¹	S10
打算 da² sün³	L7	定 ding⁶	L7
打聽 da² teng¹	L16	多 do¹	L3
打折 da² zhit³	L13	多謝 do¹ zhe⁶	L3,L11
低 dai¹	L14	當然 dong¹ yin⁴	L17
帶 dāi³	L4	當中 dong¹ zhung¹	SP
大概 dāi⁶	S7	都 dou¹	L2,L4
大飽 dāi⁶ bāu²	L17	倒 dou²	L9
大家 dāi⁶ ga¹	S4	島嶼 dou² zhöü⁶	SP
大廈 dāi⁶ ha⁶	S7	對唔住 döü³ m⁴ zhü⁶	S2
		度度 dou⁶ dou⁶	S10

渡海小輪 dou⁶ hoi² siu² lön⁴	S6	噉辦 gam² bān⁶	SE
東方之珠 dung¹ fong¹ zhi¹ zhü¹	S7	噉又係嘅 gam² yau⁶ hai⁶ ge²	L9
		咁 gam³	L8,L11
F		跟 gan¹	L16
快啲 fāi³ di¹	S7	根據 gan¹ göü³	S9 ①
返嚟 fān¹	L14	跟埋 gan¹ māi⁴	S6 ①
返去 fān¹ höü³	L13	跟住 gan¹ zhü⁶	S2
忽冷忽熱 fat¹ lāng⁵ fat¹ yit⁶	L18	緊 gan²	L8
發達 fāt³ dāt⁶	S9 ①	僅 gan²	S6
發覺 fāt³ gok³	S10	揀 gān²	S8
發燒 fāt³ siu¹	L18	簡直 gān² zhik⁶	S8
翡翠 fei² chöü³	S9 ①	梗 gang²	L18
火車 fo² che¹	S6	郊區 gāu¹ köü¹	S6
貨 fo³	L16	夠 gau³	L12
荒蕪 fong¹ mou⁴	SP	究竟 gau³ ging²	S9 ①
房 fong²	S5	嘅 ge³	L5
放心 fong³ sam¹	L9	機上 gei¹ söng⁶	S1
俯覽 fu² lām⁵	S7	幾 gei²	L2,L6
虎豹別墅 fu² pāu³ bit⁶ söü⁶	S9 ①	幾多 gei² do¹	L6
歡喜 fun¹ hei²	S8	幾耐 gei² noi⁶	L7,L9
歡迎光臨 fun¹ ying⁴ gwong¹ lam⁴	S5	幾時 gei² si⁴	L7
		既～又 gei³～yau⁶	SE
G		檢查 gim² cha⁴	S2
加藤 Ga¹ tang⁴	L2	見 gin³	L16
家姐 ga¹ zhe¹	L8	經過 ging¹ gwo³	SP
㗎 ga³	L7,L11	結婚 git³ fan¹	L8
價錢 ga³ chin²	S6	叫 giu³	L7,L11
㗎喇 ga³ la¹	L9	嗰邊 go² bin⁶	L17
㗎嘞 ga³ lāk¹	L11,L18	嗰便 go² bin⁶	S2
街 gāi¹	L18	嗰啲 go² di¹	L5
佳餚 gāi¹ ngāu⁴	S8	嗰個 go² go³	L5
街上 gāi¹ söng⁶	S10	嗰陣時 go² zhan⁶ si⁴	L8
金域假日酒店 Gam¹ wik⁶ ga³ yat⁶ zhau² dim³	S6 ②	個 go³	L5
噉 gam²	L8	閣下 gok³ ha⁶	L8
		各式各樣 gok³ sik¹ gok³ yöng⁶	S9 ①
		趕 gon²	L16
		趕得切 gon² dak¹ chit³	S10
		趕倒 gon² dou²	L15

講 gong²	L8	戲院 hei³ yün²	S10
港九 Gong² Gau²	S6	何況 ho⁴ fong³	L10
居住 göü¹ zhü⁶	S8	開辦 hoi¹ bān⁶	S8
公館 gung¹ gwun²	S9 ①	開心 hoi¹ sam¹	S1
公司 gung¹ si¹	L7	開夜工 hoi¹ ye⁶ gung¹	L16
軌 gwai²	S6	海底隧道 hoi² dai² söü⁶ dou⁶	S6
貴 gwai³	L12	海關 hoi² gwān¹	S2
貴公司 gwai³ gung¹ si¹	L16	海灘 hoi² tān¹	S9 ②
貴姓 gwai³ sing³	L3	海灣 hoi² wān¹	S8
關於 gwān¹ yü¹	L16	海運戲院 Hoi² wan⁶ hei³ yün²	S10
果汁 gwo² zhap¹	S1	海洋公園 hoi² yöng⁴ gung¹ yün²	S9 ②
過 gwo³	L11,L13	香片 höng¹ pin²	L11
過獎 gwo³ zhöng²	L9	嚮往 höng² wong⁵	S1
國畫 gwok³ wa²	L17	向 höng³	SP
國語 gwok³ yü⁵	L8	行業 hong⁴ yip⁶	S9 ①
廣東道 Gwong² dung¹ dou⁶	S6 ②	好 hou²	L2
故事 gwu³ si⁶	S9 ①	好似～一樣 hou² chi⁵ ～ yat¹ yöng⁶	S7
瘤 gwui⁶	S4	好極啦 hou² gik⁶ la¹	L17
		好易 hou² yi⁶	L18
H		去 höü³	L11
		號碼 hou⁶ ma⁵	S5
蝦餃 ha¹ gāu²	L11	號召力 hou⁶ zhiu⁶ lik⁶	S10
嚇 ha⁵	L11		
下便 ha⁶ bin⁶	S6 ③	**K**	
喺 hai²	L7		
喺度 hai² dou⁶	L11	勤力 kan⁴ lik⁶	L9
喺處 hai² sü³	L14	咭片 kāt¹ pin²	L8
係 hai⁶	L5	靠 kāu³	S9 ①
客氣 hāk³ hei³	L3	購物 kau³ mat⁶	S1
限制 hān⁶ zhai³	S3	求其 kau⁴ kei⁴	L11
行行吓 hāng⁴ hāng⁴ ha⁵	S10	奇形怪狀 kei⁴ ying⁴ gwāi³ zhong⁶	S9 ①
行李 hang⁴ lei⁵	S3	傾生意 king¹ sāng¹ yi³	L16
行駛 hāng⁴ sai²	S6	佢哋 köü⁴ dei⁶	L2
罕見 hao² gin³	S6	確係 kok³ hai⁶	L17
合約 hap⁶ yök³	L17	携帶品 kwai⁴ dāi³ ban²	S3
後代 hau⁶ doi⁶	S9 ①		
起（晒）貨 hei² (sāi³) fo³	L16		
起身 hei² san¹	L11		

L

啦 la¹		L3,L11
喇 la⁴		L17
嚟 lai⁴		L3,L11
禮拜 lai⁵ bāi³		L6
禮物 lai⁵ mat⁶		L13
嘞 lāk³		L8,L11
林 Lam⁴		L2
纜車 lām⁶ che¹		S6
冷親 lāng⁵ chan¹		L18
留低 lau⁴ dai¹		L15
流行性感冒 lau⁴ hang⁴ sing³ gam² mou⁶		L18
囉 lo¹		L11
攞 lo²		L13
囉 lo⁶		S4
囉噃 lo⁶ bo³		L17
咯 lok³		L12
落 lok⁶		S4
略 lök⁶		S6
落車 lok⁶ che¹		S6 ①
論盡 lön⁶ zhön⁶		L10
兩 löng⁵		L4
兩個字 löng⁵ go³ zhi⁶		L6
勞煩 lou⁴ fān⁴		SE
裏便 löü⁵ bin⁶		L10
老陳 lou⁵ Chan²		L17
旅行喼 löü⁵ hang⁴ gip¹		S3
旅遊 löü⁵ yau⁴		S2
路 lou⁶		S6 ②
籠 lung⁴		L11

M

唔 m⁴		L5
唔錯 m⁴ cho³		L13
唔敢當 m⁴ gam² dong¹		L8
唔緊要 m⁴ gan² yiu³		S4
唔夠 m⁴ gau³		S10
唔經唔覺 m⁴ ging¹ m⁴ gok³		SE
唔該 m⁴ goi¹		L3,L12
唔怪之得 m⁴ gwāi³ zhi¹ dak¹		L8
唔係 m⁴ hai⁶		L5
唔好意思 m⁴ hou² yi³ si³		S4
唔使 m⁴ sai²		L3,L11
唔使客氣 m⁴ sai² hāk³ hei³		L3
唔少 m⁴ siu²		S8
唔算 m⁴ sün³		L12
唔話得 m⁴ wa⁶ dak¹		L16
唔會 m⁴ wui⁵		L12
唔止 m⁴ zhi²		S9 ①
馬上 ma⁵ söng⁶		L16
嗎 ma³		L2
碼頭 ma⁵ tau⁴		S6 ③
埋單 māi⁴ dān¹		L11
買 māi⁵		L5
文 man¹		L11
萬金油 mān⁶ gam¹ yau⁴		S9 ①
乜說話吖 mat¹ süt³ wa⁶ a¹		L15
乜嘢 mat¹ ye⁵		L4
咩 me¹		L10
美味 mei⁵ mei⁶		S1
未 mei⁶		L8,L11
名貴 ming⁴ gwai³		S9 ①
望 mong⁶		S9 ②
無得比 mou⁴ dak¹ bei²		S8
冇 mou⁵		L4
冇所謂 mou⁵ so² wai⁶		L11
門匙 mun⁴ si⁴		S5

N

乃係 nāi⁵ hai⁶		S6
諗 nam²		L15
呢 ne¹		L2,L17

彌敦道 Nei^4 dön^1 dou^6	S6 ②	細佬 sai^3 lou^2	L8
你 nei^5	L2	塞車 sak^1 che^1	S6 ②
啱 ngām^1	L13	衫 sām^1	S3
啱啱 ngām^{1}ngām^1	L13,L17	三七分賬 sām^1 chat^1 fan^1 zhöng^3	L17
晏 ngān^3	L11	深圳河 Sam^1 zhan^3 ho^4	SP
晏晝 ngān^3 zhau^3	L11	舢板 sān^1 bān^2	S8
眼福 ngān^5 fuk^1	L17	申報 san^1 bou^3	S3
我 ngo^5	L2	新界 san^1 gāi^3	SP
外快 ngoi^6 fāi^3	L17	新戲 san^1 hei^3	S10
屋企人 nguk^1 kei^2 yan^4	L18	身體 san^1 tai^2	L18
呢便 ni^1 bin^6	S1	山丘 sān^1 yau^1	S9 ②
呢次 ni^1 chi^3	L11	散銀 sān^2 ngan^2	S6 ③
呢啲 ni^1 di^1	L5	十四座 sap^6 sei^3 zho^6	S6
呢個 ni^1 go^3	L5	收 sau^1	L12
呢牌 ni^1 pāi^1	L18	艘 sau^2	S8
黏土 nim^4 tou^2	S9 ①	手袋 sau^2 doi^2	S3
擰 ning^1	L13	手巾仔 sau^2 gan^1 zhai^2	L13
		手續 sau^2 zhuk^6	S2
O		寫低 se^2 dai^1	S5
		寫字樓 se^2 zhi^6 lau^4	L16
喔 o^1	L18	石斑魚 sek^6 bān^1 yü^2	L12
		試吓 si^3 ha^5	L11
P		時候 si^4 hau^6	L11
		時時 si^4 si^4	L12
怕醜 pa^3 chau^2	L9	市區 si^5 köü^1	S6
批 pai^1	L16	是但 si^6 dān^6	S6 ③
牌 pāi^4	S9 ①	識 sik^1	L8
排骨 pāi^4 gwat^1	L11	食 sik^6	L11
拍 pāk^3	S10	先 sin^1	L11
朋友 pang^4 yau^5	L7,L11	先生 sin^1 sāng^1	L2
平方公里 ping^4 fong^1 gung^1 lei^5	SP	鮮艷 sin^1 yim^6	S9 ①
舖頭 pou^3 tau^2	L17	星期 sing^1 kei^4	L6
陪 pui^4	SE	成 sing^4	L18
		成龍 Sing^4 lung^4	S10
S		成為 sing^4 wai^4	SP
		蝕 sit^6	L10
使乜 sai^2 mat^1	S6 ③	小巴 siu^2 ba^1	S6
細 sai^3	S8	小心 siu^2 sam^1	L18

小時 siu² si⁴		L6
小飾物 siu² sik¹ mat⁶		L13
小姓 siu² sing³		L8
小意思 siu² yi³ si³		SE
小姐 siu² zhe²		L2
所以 so² yi⁵		L8
塑像 sok³ zhöng⁶		S9 ①
雙層 söng¹ chang⁴		S6
商埠 söng¹ fau⁶		SP
傷風感冒 söng¹ fung¹ gam² mou⁶		L18
商量 söng¹ löng⁴		L17
雙人房 söng¹ yan⁴ fong²		S5
上便 söng⁶ bin⁶		S6 ③
上去 söng⁶ höü³		S7
須要 söü¹ yiu³		L15
水上餐廳 söü² söng⁶ chān¹ ting¹		S8
素仰大名 sou³ yöng⁵ dāi⁶ ming⁴		L16
書 sü¹		L4
舒服 sü¹ fuk⁶		L18
讀書 suk⁶ sü¹		L9
船飛 sün⁴ fei¹		S6 ③
送行 sung³ hāng⁴		SE
崇光百貨公司 Sung⁴ gwong¹ bāk³ fo³ gung¹ si¹		S6 ①
說話 süt³ wa⁶		S4

T

T恤 T¹ söt¹		L13
睇 tai²		L11
睇起上嚟 tai² hei² söng⁶ lai⁴		S7
睇戲 tai² hei³		S10
太平山 Tāi³ ping⁴ sān¹		S6
太太 tāi³ tāi²		L2
探 tām³		L18
頭等 tau⁴ dang²		S6 ③
頭一次 tau⁴ yat¹ chi³		S1
有啲 tau⁵ di¹		L18
聽～講 teng¹ ～ gong²		S4
添 tim¹		L10
添嚼 tim¹ bo³		L18
天后廟 Tin¹ hau⁶ miu⁶		S9 ②
天后娘娘 Tin¹ hau⁶ nöng⁴ nöng⁴		S9 ②
天星碼頭 Tin¹ sing¹ ma⁵ tau⁴		S9 ②
天星小輪 Tin¹ sing¹ siu² lön⁴		S6 ③
天堂 tin¹ tong⁴		S1
檯 toi²		L11
通宵 tung¹ siu¹		S8
同 tung⁴		L12,S4
同埋 tung⁴ māi⁴		L11

W

哇 wa¹		SE
嘩 wa⁴		L11,S9 ②
話畀佢知 wa⁶ bei² köü⁵ zhi¹		L15
威士忌 wai¹ si⁶ gei²		S1
威士忌加冰水 wai¹ si⁶ gei² ga¹ bing¹ söü¹		S1
喂 wai²		L11,L14
為 wai⁴		SP
位於 wai⁶ yü¹		SP
或者 wāk⁶ zhe²		L6
搵 wan²		L14
玩 wān²		S1
運 wan⁶		L17
患 wān⁶		L18
橫揸 wāng⁴ dim⁶		S6 ③
泳季 wing⁶ gwai³		S9 ②
喎 wo⁴		L14,L18
和記大廈 Wo⁴ gei³ dāi⁶ ha⁶		S7
喎 wo⁵		L18
胡文虎 Wu⁴ man⁴ fu²		S9 ①
護照 wu⁶ zhiu³		S2
會 wui⁵		L9
會客室 wui⁶ hāk³ sat¹		L16

換錢 wun⁶ chin²	L10	
玩具 wun⁶ göü⁶	S7	

Y

曳 yai⁵	L10	
飲 yam²	L3	
人煙稠密 yan⁴ yin¹ chau⁴ mat⁶	SP	
人像 yan⁴ zhöng⁶	S9 ①	
入 yap⁶	L3	
入境 yap⁶ ging²	S2	
入口 yap⁶ hau²	S3	
一 yat¹	L16	
一般嚟講 yat¹ bun¹ lai⁴ gong²	S9 ②	
一啲 yat¹ di¹	L8	
一定 yat¹ ding⁶	S4	
一分鐘 yat¹ fan¹ zhung¹	L6	
一個骨 yat¹ go³ gwat¹	L6	
一個字 yat¹ go³ zhi⁶	L6	
一個鐘頭 yat¹ go³ zhung¹ tau⁴	L6	
一冷一熱 yat¹ lāng⁵ yat¹ yit⁶	L18	
一來～二來 yat¹ loi⁴ ～ yi⁶ loi⁴	L17	
一路順風 yat¹ lou⁶ sön⁶ fung¹	SE	
一於 yat¹ yü¹	L17	
一陣 yat¹ zhan⁶	L17	
一直 yat¹ zhik⁶	S6 ②	
日子 yat⁶ zhi²	SE	
休息 yau¹ sik¹	L10	
由 yau⁴	SP	
尤其 yau⁴ kei⁴	S10	
遊覽 yau⁴ lām⁵	S7	
有 yau⁵	L4	
有乜嘢好帶歇呀？ yau⁵ mat¹ ye⁵ hou² dāi³ hit³ a³?	L17	
有心 yau⁵ sam¹	L2	
又～又～ yau⁶ ～ yau⁶ ～	L7	
醫生 yi¹ sāng¹	L18	
咦 yi²	S9 ②	
而 yi⁴	S4	
而且 yi⁴ che²	S1	
而家 yi⁴ ga¹	L6,L11	
已 yi⁵	SP	
已經 yi⁵ ging¹	L8	
以及 yi⁵ kap⁶	SP	
二等 yi⁶ dang²	S6 ③	
抑或 yik¹ wāk⁶	L7	
亦都 yik⁶ dou¹	L8	
演員 yin² yün⁴	S10	
然後 yin⁴ hau⁶	S6 ①	
現今 yin⁶ gam¹	SP	
應該 ying¹ goi¹	L16	
影迷 ying² mai⁴	S10	
盈利 ying⁴ lei⁶	L17	
認為 ying⁶ wai⁴	L13	
要 yiu³	L9	
約 yök³	L16,SP	
藥膏 yök⁶ gou¹	S9 ①	
愉快 yü⁴ fāi³	S1	
如果 yü⁴ gwo²	L10	
預先 yü⁶ sin¹	S5	
鉛筆 yün⁴ bat¹	L4	
原係 yün⁴ hai⁶	SP	
原裝 yün⁴ zhong¹	S6	
擁有 yung² yau⁵	S10	
容易 yung⁴ yi⁶	L18	

Z

咋 zha³	S3	
側邊 zhak¹ bin¹	S9 ②	
斟 zham¹	L17	
站 zhām⁶	S6	
珍寶海鮮舫 Zhan¹ bou⁴ hoi² siu¹ fong²		S8
賺 zhān⁶	L17	
找 zhāu²	L11	

酒店 zhau² dim³	L10	
找定晒數 zhāu² ding⁶ sāi³ sou³	SE	
找翻 zhāu² fān¹	L13	
酒樓 zhau² lau⁴	S9 ①	
找換店 zhāu² wun⁶ dim³	L10	
找換率 zhāu² wun⁶ löt⁶	L10	
就 zhau⁶	L6,L15	
啫 zhe¹	L9,L10	
枝 zhi¹	L4	
之 zhi¹	SP	
之嘛 zhi¹ ma³	L17	
指教 zhi² gāu¹	L3	
只係 zhi² hai⁶	S3	
至 zhi³	L9,L12,L18	
自動收費機 zhi⁶ dung⁶ sau¹ fai³ gei¹	S6 ③	
直至 zhik⁶ zhi³	SP	
淨係 zhing⁶ hai⁶	S3	
接機 zhip³ gei¹	S4	
接送 zhip³ sung³	S8	
照顧 zhiu³ gwu³	SE	
咗 zho²	L8	
張曼玉 Zhöng¹ mān⁶ yuk²	S10	
帳幕 zhöng³ mok⁶	S9 ②	
撞 zhong⁶	L18	
早 zhou²	L11	
早晨 zhou² san⁴	L2	
最近 zhöü³ gan⁶	L18	
再見 zhou³ gin³	L2	
做事 zhou⁶ si⁶	L7	
做成 zhou⁶ sing⁴	S8	
造成 zhou⁶ sing⁴	S9 ①	
聚集 zhöü⁶ zhap⁶	S8	
朱咕力 zhü¹ gwu¹ lik¹	L5	
主意 zhü² yi³	L17	
住 zhü⁶	L7,L10	
轉 zhün³	S6 ①	
中意 zhung¹ yi³	L11	
重 zhung⁶	L4,L8

233

千島英一（ちしま　えいいち）
1947年，埼玉県生まれ。
麗澤大学外国語学部中国語学科卒業。
台湾師範大学国文研究所碩士班卒業。
文学碩士（中国語方言学専攻）。
著訳書に，『標準広東語同音字表』『香港に行こう！』
『東方広東語辞典』『広東語動詞研究』（東方書店），
マシューズほか『広東語文法』（共訳，東方書店）
など。

広東語吹込者
劉穎聰・李啓東

香港広東語会話　ほんこんかんとんごかいわ
1989年7月25日　初版第1刷発行
2002年3月31日　新装版第1刷発行
2014年1月31日　新装版第7刷発行

編著者……千島英一
発行者……山田真史
発行所……株式会社東方書店
　　　　　　東京都千代田区神田神保町1-3　〒101-0051
　　　　　　電話 03-3294-1001　営業電話 03-3937-0300
　　　　　　振替 00140-4-1001

組　版……香港萬里書店有限公司
　　　　　　＋蔦友印刷株式会社
印刷製本…蔦友印刷株式会社
ＣＤ製作…株式会社東京録音

定価はカバーに表示してあります

ⓒEiichi Chishima　2002　　Printed in Japan
ISBN 978-4-497-20204-8　C3087
乱丁・落丁本はお取り替えいたします。直接小社へご郵送ください。
Ⓡ本書の全部または一部を無断で複写複製（コピー）することは，著作権法上
での例外を除き，禁じられています。本書からの複写を希望される場合は，日本
複写権センター（03-3401-2382）にご連絡ください。
小社ホームページ〈中国・本の情報館〉で小社出版物のご案内をしております。
http://www.toho-shoten.co.jp/

中国を理解するための最新ツール
斬新なデザイン・見やすく引きやすい辞典！

東方中国語辞典

相原茂・荒川清秀・大川完三郎　主編

「中国人の頭の中を辞書にする」という観点から、中国人が思いつく身近な表現、中国人には当たり前でも日本人には必要な例文を多数収録する。また、現代中国を知る上で欠かせない新語を満載。地名、歴史上の人物、神話・物語のキャラクターなどの百科項目やコラム「百科世界」、付録など読み物的要素も強化。斬新なデザイン、鮮明な2色印刷など、見やすさ使いやすさを重視した辞典。

四六判上製函入・2120頁（本文2色刷）
◎本体5000円＋税　978-4-497-20312-0

【本辞典の9大特徴】

● 中国人の発想による用例、日本人に必要な用例
● 類義語コラムを多数収録
● 現代中国を知る上で欠かせない新語を満載
● すぐに使える中国語会話集、コミュニケーションバンク
● コラム「百科世界」や「中国史年表」など、事典的色彩を強化
● 「日中小辞典」など、学習に役立つ付録を多数掲載
● 中日辞典ではじめてのカラー口絵、中国の「色」
● 見やすく美しい2色刷で斬新な版面を実現
● 日中両国の研究者、教育者など総勢200余名による共同執筆

【付録一覧】

中国語音節表／中国語の方言／句読点・記述記号の用法／親族名称一覧／計量単位／中華人民共和国行政区画／少数民族一覧／歴代王朝・君主・年号／中国史年表／世界の国と首都／世界の地名〈①都市／②地形（山・高原・川・湖・半島・内海・湾など）〉／世界の人名／元素名対照表／日中小辞典

東方書店ホームページ〈中国・本の情報館〉http://www.toho-shoten.co.jp/

ビジネス・観光・グルメ・ショッピング・映画……
香港・広東経済圏へのパスポート！
東方広東語辞典

千島英一編著

収録語彙数 45000 語！

香港・マカオや広東省を中心とした中国華南経済圏で日常的に使われ、海外華僑社会でも頻繁に用いられ、使用人口は 8000 万人を数えるといわれる広東語。
本辞典は香港地区で用いられるいわゆる「香港広東語」を中心に、口語・俗語・諺・成句、さらには隠語や流行語、常用の言い回しまで、実に 45000 項目を網羅。

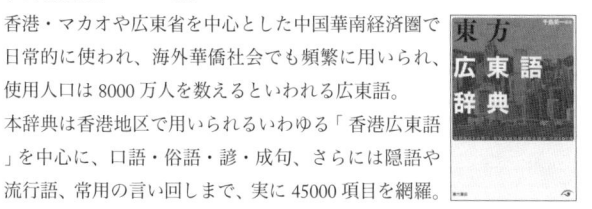

四六判上製函入・1408 頁
◎ 本体 7000 円＋税　978-497-20508-7

● 親文字方式、豊富な例文！
　配列は親文字方式、発音順で検索に便利。また、該当する漢字がない語も音節に従って配列。必要に応じて例文も多数収録し、ローマ字による全文の発音を付した。
● 広東語が日本語の読みで引ける！
　部首索引に併せて、日本人読者に使いやすい日本語音訓索引も収録。
● 写真も多数収録！
　広東語圏の特徴的な事物に適宜写真を付した。

〔本書の構成〕まえがき／凡例／部首索引／日本語音訓索引／辞典本文／主要参考文献一覧／広東語ローマ字表記対照表

東方書店ホームページ〈中国・本の情報館〉http://www.toho-shoten.co.jp/

好評発売中

身につく広東語講座 (CD2枚付)

張淑儀・上神忠彦編著／発音、文法、会話、作文。この一冊をじっくり学べば、使える広東語がしっかり身につく。本格的広東語教材。
.... A5判304頁◎本体3000円＋税 978-4-497-21001-2

広東語文法

S＝マシューズ・V＝イップ著／千島英一・片岡新訳／広東語のことばのしくみや文の構造をわかりやすく解説した広東語文法書の決定版。
.... A5判592頁◎本体6800円＋税 978-4-497-20021-1

広東語動詞研究
「手放さずに持つ動作」を表す語について

千島英一著／広東語の中に多く存在する動詞、その中で、「手放さずに持つ動作」を表す意味的に相互に関連の深い語について分析を試みる。
.... A5判256頁◎本体3600円＋税 978-4-497-20710-4

広東語圏のことわざと文化

千島英一著／ことわざの発想や論理、あるいは民衆の奥深く隠された心理に迫る。巻末に735句を網羅した「広東語ことわざ資料集」を収録。
.... A5判400頁◎本体4800円＋税 978-4-497-20807-1

東方書店ホームページ〈中国・本の情報館〉http://www.toho-shoten.co.jp/

好評発売中

広東語辞典 ポケット版

香港萬里機構＋東方書店編／使用頻度の高いことば、広東語独自のことばを中心に、親字約2800字、見出し語約8400語。日本語読み音訓索引付き。……… ポケット判432頁◎本体2900円＋税 978-4-497-96502-8

日本語広東語辞典

孔碧儀・施仲謀編／日常生活で使用される語彙を主にした7000余条の見出し語に、用例、参考語を収録。香港で編纂された『日広辞典』決定版。………… 新書判464頁◎本体3800円＋税 978-4-497-20106-5

標準広東語同音字表

千島英一編著／同音字が一目でわかる字音表を中心に、形から検索する部首筆画索引を掲載する。日本語常用漢字音から引く索引付き。…………………… 四六判256頁◎本体2200円＋税 978-4-497-91317-3

粤京日注音 漢日字典

藤塚将一編著／東方書店発売／見出し語1万500余に、広東語音・北京語音・日本語音を併記する南北綜合漢日字典。
…………………… A5判920頁◎本体12000円＋税 978-4-497-93379-9

東方書店ホームページ〈中国・本の情報館〉http://www.toho-shoten.co.jp/

好評発売中

現代台湾語の常用語彙を網羅！
東方台湾語辞典

村上嘉英編著

- 台湾の人口の約4分の3の人々が母語とする台湾語（閩南語）の常用語彙を網羅。
- 台湾特有の事物や風俗習慣に関する語彙、新語、日本語からの外来語など13500語収録。
- 表記は歴史的伝統を持ち辞典・教材等でも広く使われている「白話字(教会ローマ字)」と漢字を併用。
- 見出し語の配列は音節を単位としたアルファベット順。
- 収録語には品詞表示を行い、語の用法や文法の説明、あるいは語釈の理解を助けるための解説を必要に応じて記載。
- 例文・用例、また、台湾の香りのするイラストも多数収録。
- 日台小辞典としても役立つ、詳細な日本語索引付き。
- 中国の朝代名、中国人の姓、中国の地名、世界の主要国名・地名などの重要な固有名詞や常用の助数詞など、付録も充実。

四六判528頁◎本体6000円＋税 978-4-497-20704-3

台湾語会話 第二版

樋口靖著／発音から基礎会話、実践的な応用会話まで、本格的に解説したテキスト。表記は教会ローマ字と漢字ローマ字まじり文の2種を使用。 ……………… 四六判320頁◎本体2200円＋税 978-4-497-20004-4
＊CD(3枚組) 本体4500円＋税

東方書店ホームページ〈中国・本の情報館〉http://www.toho-shoten.co.jp/